# 宇宙万象

第5巻

目次

第一章

# 日本人一人ひとりに、全人類の運命が懸かっています

## 第二章

## 良い気持ちを配れば配るほど、天から与えられる時節です

## 第三章 真実は、誰もがすでに、創造神と一体です

# 第四章 最高の霊性とは「愛情が深い」「情け深い」「思いやりが深い」

# 第五章 伊勢白山道への質問〈Q&A〉

目次



※この巻には、「伊勢白山道」ブログの、二〇一〇年十・十一月の記事と二〇一一年十一・十二月、二〇一二年一月の再検証シリーズ記事を編集・加筆修正して収録しています。

本文イラスト　角しんさく
造本・装幀　岡　孝治

# 第一章

# 日本人一人ひとりに、全人類の運命が懸かっています

# 1 小さなことのほうがお得です

人間一人ひとりの脳は、宇宙どころか見えない裏宇宙も含めて、全宇宙に接続されていると常々に感じています。過去記事で人間の左脳・右脳と宇宙の関係を説明しました（『森羅万象 9』第一章「遺伝子は宇宙につながるトンネル」参照）。

人間は、自分の生活の中の細部を大切にしたほうが宇宙に影響を与えることができる、と最近は特に感じています。

社会の表舞台で目立つ人は、仕事柄から外見を気にするあまり、自分の私生活の細部を犠牲にしている人が多いです。誘惑が多いハンディキャップもあります。会社のため、社会のためと思いながら活躍されていても、家庭がグチャグチャでは、宇宙に与える良い影響は大したものではないのです。

安サラリーマンでも、自分の家庭を大切にして愛情を発露させている人のほうが、宇宙に貢献をしています。独身の人も、自分の生活の中に感謝の磁気を置いていくことが、宇宙に影響しています。

**大きなことを考えるよりも、実は自分の身の回りを満足させることを考えたほうが、社**

**会に与える霊的影響は大きいのです。**

神様に気づくには、大げさな神事や信仰に金銭をかける必要は一切ありません。「**自分の生活の中に**」神様の意志を見る視点を持つほうが、本当の神様に近づけます。

大きなことを成し遂げるよりも、小さなことを成し遂げるほうが誰でも早くできるものです。つまり、大きなことも小さなことも、コノ世で成し遂げて得られる霊的果実には大差がないということなのです。どんな小さなことでも突き詰めていきますと、その先に神様の意志と出会います。

だから他人は知らない自分の生活の中で、良心(内在神)に沿った生活をすることこそが、大きな社会的な成功を収めるのに匹敵《ひってき》する霊的な価値を重ねていくことになります。宇宙に良い影響を与えます。

生かして頂いて　ありがとう御座位ます

[小さなことのほうがお得です　二〇一〇年十一月二十五日]

# 2 大切なのは目の前のこと

（前項の感想）

人間は宇宙などの大それたことよりも、今の自分の悩みを何とかしたいと思い、意識を取られるものです。でも、あなたの悩みが宇宙と連動し、太陽にも影響しているかも知れません。時間限定で生きる人間とは、コノ世に生み出される奇跡の過程を視ましても、やはり一人ひとりが嫌でも宇宙の縮図なのです。

だから、自分が悩む内容は、日本にも地球にも宇宙にも責任が生じています。できれば、自分の悩む内容を選びましょう。生きている間「だけ」は、自分で選べるのです。

人間とは例外なく、誰でも自分の希望通りにはいかないようにできています。

なぜなら、人間はすでに持つモノを、それがあるのをアタリマエにしてしまう習性を持つからです。すでにあるモノのことは忘れてしまい、**常に自分にないモノへと意識が向いています**。そして、常に不満を持つ傾向になりやすいのです。

これは人間関係でも品物でも仕事でも、何にでも言えることです。

だから、自分の希望があれば、そのことばかりを考えるよりも、それでも生かされている現状へ感謝することが、その希望を逆に早く自分に引き寄せます。自分の自我（我良し《われよし》の欲望）は、実際には希望を遠ざけるハンディとなっています。

つまり、自分に無いこと・与えられていないことを考えるよりも、**今すでにあることに気持ちを向けることが幸運を呼ぶ秘訣《ひけつ》です**。

恋愛でも、男性は釣った魚にはエサを与えない、とよく言われます。でも、その魚を失くしてから、その大切さに気づくものです。これはすべてに言えることなのです。

自分の現状の中で、すでに与えられている物事に気づき、感謝をして生きましょう。

そうしますと、改善が始まります。

不満を持てるのも、生きているからこそです。

それでも生かされている原点を、この言葉で思い出していきましょう。

生かして頂いて　ありがとう御座位ます

［目の前のことが大切です　二〇一二年一月二日］

## 3 「他人のために絶対に良いことをします！」

私は子どもの頃から、何度か命の危険に遭いました。一度目は幼稚園に上がる前のことでした。家で飼っていた熱帯魚のエサにするミジンコを採取するために、きょうだいと叔父とで池に行った時のことでした。

当時の池の周りにはたくさんの農業用の井戸がありました。その井戸にはフタがされていなくて、しかも囲いもなく地面にポッカリと開いていました。さらに井戸の口は、雑草で隠れて見えなくなっていて、みんなの一番後に付いて歩いていた私は、草で隠れていた井戸に落ちてしまったのです。

幼稚園に行く前の幼児ですから、泳ぎをまだ知りませんでした。最初はバタバタともがいていたのですが、口と鼻から水が入りだして段々と意識が薄れ、視野が丸く狭くなったのを覚えています。いくら叫んでも井戸の内部で共鳴するだけで、外には聞こえなかったようでした。

この時、大人のような落ち着いた自分の意識（内在神）が心中にいて、

「ああ、失敗したな。将来に大切な用事があるんだよ。これでは、また一からやり直しだ。アレに間に合うかな？」

と言いながら静観していました。それに対して、私の普段の意識（自我）が、

「何とか生きたい。良い子になって、**絶対に良いことをするから**」

と叫んでいました。すると次の瞬間、叔父の手が伸びてきて、水面から片手だけを突き出していた私の手をつかんで引っぱり上げてくれました。

後から聞きますと、私がいないことに急に姉が気づいて、叔父に知らせたそうです。すぐに井戸に落ちたことを察知した叔父により、私は救出されました。もしこの時、姉が気づかなければ、丸くなった視野が伸びてトンネルを形成して、アノ世に行ったと感じます。

二度目の危険は、小学生の時に自動車に跳ね飛ばされたことでした。塾の時間に遅れて、慌てて道路を横切った時に跳ねられました。五メートルは飛んだと思います。

跳ね飛ばされている零コンマ何秒の間に、スローモーションのように空と地面を見ながら、またもや冷静な自分の意識と会話をしました。

「アホだな。また失敗をするのか？」

「ごめんなさい。もし生きられれば、**他人のために絶対に良いことするから**」

と心中で叫んでいました。すると次の瞬間、頭を打たずに道路に転がり落ちていました。この時も幸いに、右足のヒザ下が少し打撲でへこむ程度のケガで済みました。

三度目は去年（二〇〇九年）の『森羅万象　3』の執筆中に、私がいた部屋に雷の直撃を受けた時でした（『宇宙万象　第3巻』第四章「『森羅万象　3』とモーゼの十戒」参照）。この時は、冷静な意識との会話はなくて、大音響と衝撃波を感じながら「**絶対にまだ死ねない〜**」と心中で叫んでいました。

この話を聞いた私の親は、「二度あることは、やっぱり三度あるんだね〜」と笑っていました。


これらの体験から思うことは、もし現在に深刻な病気や問題で苦しんでいる人は、

「他人のために絶対に良いことをします！」

と心中で何回も誓えばよいです。そう強く思いますと、**必ず生かされます**。

自分のことだけを考え込みますと、必ず心身が弱くなり悪い方向に進むものです。今悩んでいる人は、自分の物事だけに執着をしていないかを振り返りましょう。

やはりコノ世は、「与えれば、与えられる」反射の世界なのです。そして、自分の意識

は絶対に死なずに、継続をしていくのです。

だから何があっても安心して生きて行きましょう。自分の良心（内在神）に従えば絶対に大丈夫なのです。

何か深刻な問題に遭った時は、「他人のために絶対に良いことをします！」と心中で宣言をしましょう。

必ず、生かされることになります。

生かして頂いて　ありがとう御座位ます

［絶対に他人のために良いことをするゾ～　二〇一〇年十月七日］

# 4　嬉しすぎると泣けます

過去に山中で落盤事故に遭い、奇跡的に救出されたドイツ人のインタビューをテレビで見ました。長い絶望の暗闇の世界から、コノ世に戻って来て人生観がガラリと変わったそうです。

**とにかく細かい嫌なことが苦にならなくなったそうです**。逆に、「生きていればこそだ」と、明るく静観することができるようになられたのです。

この話を聞いて、あれ？　似てるな、と思い出した話がありました。それは、宇宙から帰還した宇宙飛行士の話です。

アメリカの宇宙飛行士は地球に帰還後に、牧師に転身したり、ボランティアに関する仕事に転職した人が何名もいるそうです。宇宙飛行士といえば大半の人が博士であり、大学教授クラスの超エリート人間ばかりです。それが宇宙に行っただけで、人生そのものをガラリと自《みずか》ら変えているのです。

私たちも、痛い経験・怖い経験・稀有《けう》な経験を**自分が実際に体験しなくても**、前記の人々のように、何か大切な大いなる存在を素直に信じられれば幸いです。

でも、自分で見て体験しなければ何も信じられない人はいるでしょう。

そういう人は、自分の身体《からだ》を見ればよいです。その存在自体が奇跡の産物です。

生まれた時に赤ちゃんが泣くのは、魂が嬉し泣きしているのです。あまりの嬉しさに、笑い声を上げる以上に泣いてしまうのです。「やっと生まれたぞ」と。


昨日、南米チリの鉱山落盤事故から六十九日ぶりに救出された三十三名が、もし何年も閉じ込められて救出されたならば、全員が泣きながら上がって来たかも知れませんね。生まれたての赤ちゃんの心境のように、です。

やはり私たちが生きている間は、色々なことがありますが、すべてに感謝しながら生きたいものです。たとえどんな人生でも、コノ世に生まれ出ただけでも感謝をする価値が絶対にあります。

何十年、何百年と魂がアノ世で待機して、やっとのことで母親のお腹のトンネルから生まれ出たのですから。

そして、花を咲かせる短い期間（＝人生）において、今まさに全員が咲いている（生きている）最中なのです。

短い間ぐらい、いったい何を悲しむ必要がありましょうか。

先祖供養とは、遺伝子のククリ直しと調整をすることなのです。脳内の感謝磁気を用いて、命が来た元へと干渉する行為です。

病気に「なれる」ということは、改善も「起こる」ということです。宇宙の物事は、全体では不変な一つなるものですが、細部では必ず変化をして行くのです。どんな病気でも遺伝子を改善すれば、生きる限り身体の改善の可能性はあります。

自分の魂が今生に借りた肉体の元（＝先祖）を、素直に信じましょう。

思わず嬉し泣きすることが起こるかも知れません。

生かして頂いて　ありがとう御座位ます

［嬉しすぎると泣けます　二〇一〇年十月十五日］

## 5 日々、生き直すこと

（前項の感想）

お腹《なか》が空いていれば、ただの塩オニギリが最高に美味しいものです。もし満腹ならば、見るだけでもう十分です。

失業期間が長かった人が、仕事に就けますと嬉しいものです。しかし、長く勤務している人は、仕事の不満ばかりを持ちやすくなります。たまには、自分が失業したと想定して、今の仕事の感謝するべきことに気づければ幸いです。自分が本当に仕事を失くすことから、その分遠ざかります。


子どものことで悩む人は、子どもが生まれる前の心境を忘れています。生まれてくれるだけで十分だと思ったはずです。

今は子どもに何を期待して、親は悩むのでしょうか？　親は、子どもよりも先に死んで行くのが道理です。援助するにも限界が必ず来ます。

子どもには、「親がいなくなれば自分で生きるしかない」ことを教えれば、それで十分です。親は子どもに期待せずに、大きな視点で見守るのも愛情です。

恋愛も思い詰めれば、ろくなことがありません。異性は、相手の思いの「重さ」を嫌がるものです。自分が相手との出会いを楽しんでいれば、相手もリラックスするのです。自然な流れで進んで行くのが、良縁の証拠です。もし流れに逆らっても、自分も相手も疲労するだけです。

もし恋愛に失敗しても、**そのような体験ができることを楽しむことです**。自分がリラックスする雰囲気は、他人を引き付けます。


日本は、平和で豊かな国の状態の中で、阪神淡路大震災と東日本大震災を体験しました。これは、非常な衝撃を私たちに実際に与えました。平和で豊かだった分、その辛さは非情なほど響き渡りました。しかし被災者以外で、現状への感謝をする日本人は、どれほど増えたのでしょうか？　何事も、それをアタリマエにしてしまう惰性とは、人間を不幸にさせる原因かも知れません。

自分の普段の現状の中にも、感謝をするべき視点を持ちましょう。

生かして頂いて　ありがとう御座位ます

［日々、生き直すこと　二〇一一年十一月十八日］

# 6 心の掃除をしましょう

今朝はとても清々《すがすが》しい感じがします。

昨夜は夜の十一時過ぎくらいから、日本列島上に魔界からの大きな霊道《れいどう》（出入り口のこと）が開いていていました。特に霊的に不安定な深夜の時間帯（午前二時～四時）には、霊道のトンネルの口が大きく開き、とても騒がしかったです。

久しぶりに妖怪の類《たぐい》や隠れていた精霊が、日本各地で浮き上がっているのを感じました。このような時の私は、第六感のすべてを意識的に閉じて休むか、仕事に没入しています。家族には早く寝るように促《うなが》しました。

今朝の明るさから感じますのは、夜明けと共にこの霊道の出入り口は祓《はら》われたようです。十一月十一日も、一つの霊的な節分だったと感じます。今後、このような霊的な大掃除が進んでいくのでしょう。

これから私たちも、心の掃除がなされていきます。いや、自《みずか》ら心を掃除する姿勢が大切です。自分の心の掃除をしなくても、別に誰も怒らないし裁きません。ただ、自分の良心

（内在神）がすべてを観ているのです。

色々と苦しんでいる人は多いですが、そのような皆さんは原因を他人やよそに捜そうとしています。これでは、いつまで経っても苦しみは継続します。なぜなら、原因は他にはないからです。

こうなれば幸福になれるのに、アレが叶《かな》えば絶対に幸せなのに……と思われるでしょうが、それは幻想です。それらが全部叶ったとしても、その人は不安なままです。

その証拠に、社会的に成功していると見える人に、「あなたは幸福ですか？」「満足していますか？」と聞いてみればよいです。

「ＹＥＳ」と返答したとしても、その人は即答でしたか？　笑顔がありますか？　心身が健康ですか？

本当に幸福な人とは、自分の良心を納得させている人なのです。だから、どんな環境や状況も関係がないのです。

たとえ病室にいても、**自分のできることに挑戦して**、自分の良心に「曇り」がない人には、静かな笑顔があります。

良心とは、思いやりの気持ち、他を育てようとする気持ち、感謝の気持ちのカタマリです。だから心が苦しい人は、悩む前に、思いやりと感謝の気持ちを発揮する練習（先祖供養）をすればよいです。

そうしますと、自分の心から隠れていた良心が発露し、自分自身が自分の良心により、自然と助けられるのです。

ただ脳内で思うだけではなく、コノ世は行為が優先する次元ですから、簡単な先祖供養という行為を伴《ともな》う気持ちを「出す」練習をすることが大切です。

コノ世は、自分が「出した」モノが自分自身に「返る（帰る）」法則が貫徹している次元です。ただ、返る時間が読めない、わからない、関連付けができなくて気づかない、だけなのです。

済んだ過去は関係がないです。絶えず今に反射しているからです。だから今だけを見て、自分ができることをがんばりましょう。

え、未来の計画が必要だって？

いや大丈夫です。今の目の前の物事に、自分の良心を納得させていけば、最善の未来へと自然と進みます。これがカンナガラ（神と共に）です。

下手な迷いからの計画には意味がなく、カンナガラの歩みには敵《かな》いません。神様が観ているのですから。

生かして頂いて　ありがとう御座位ます

[考えるな！目の前の事をしましょう　二〇一〇年十一月十二日]

# 7 厳正なる反射

（前項の感想）

近年に亡くなった独裁者四名の年齢が、すべて六十九歳でした。どんなに大金をかけて生命維持を図っていても、多くの人々を殺した独裁者は六十代で去ることが続いています。

過去に、悪い人間は還暦（六十歳）を超えるのが難しいと書きましたが、正確には六十代を超えるのが難しいようです。**良い人間も早死にしますが、それとは意味が違います。**

一般的には、太陽の十二年周期の五倍の六十年が、人の魂の霊的な片道となります。続きの折り返しの六十歳以降は、前半の人生の反射を受けます。独裁者の魂は、その反射に耐え切れないようです。

天（神）は、すべてを観ているのです。何兆円の資産を保有しようが、誰も死を避けることができません。人間は必ず死ぬのに、多くの人々を苦しめる所業ができるのは、アノ世を信じない、死後の反射を信じていない愚かさがあります。

人間が生まれて来ること（これは奇跡です）を見ましても、コノ世だけではないことを直感できる知性が大切です。

結局コノ世は、自分の良心との対話がすべてなのです。この対話を深めるために、色々な喜怒哀楽のある社会生活が流れて行きます。

見える景色は、すべてが過ぎ去って行きます。人は、見える景色が主役だと思いがちですが、そうではなくて、自分の魂と良心（内在神）との一対一の対話がすべてなのです。

早死にした人でも、自分の良心に恥じなければ、必ず天国へと行きます。

生きる間は、誰もが最期まで内在神との対話は継続しています。

生かして頂いて　ありがとう御座位ます

［厳正なる反射　二〇一一年十二月二十二日］

# 8 帳尻は絶対平等

私たちが生きている短い人生の間には、嫌なことや苦しいことが必ずあります。

貧乏な時は健康であるが、その健康で楽しむ（旅・食事・異性など）金銭がないことに苦しみます。それができる金銭を得た時には、今度は時間と健康を失っていることもあります。

絶えず何かが欠けるように、コノ世の次元では進む法則があります。正確には「欠ける」のではなく、何かのバランスを絶えず取るように働きます。これは自然界を見ましても、やはり動植物の生死を含めてバランスを取るような法則が貫徹しています。

「いや、そんなことはない。どこから見ても完全に満たされている人間（A氏）もいますよ」と思う人はいるでしょう。

でも、それでもやはり、それはA氏の表面しか見えていません。A氏の家族にまで視点を広げますと、A氏の思い通りにならないことは必ずあります。他人には見えないだけです。A氏が見せないだけで、心が完全に満足することはないのです。

また、人生を楽しむ金銭も健康もない人もいます。でも、違う面でバランスが取られて、恵まれていることが必ずあります。ただ、その恵まれていることに「自分が気づけなければ」、不幸を感じているままでしょう。

このバランスを取る法則は、皆さんが思う以上にリアルタイムで刻々と働いています。とても厳粛《げんしゅく》なものです。

だから、安心してください。コノ世の一切の状態にムダはないのです。自分が「する」ことは、どんなことも必ず「生きている」のです。

今が不幸で辛いと感じている人は、

1．まず、自分が気づいていない恩恵に気づきましょう。その気づいたことは、なくさないでも済みます。

2．今から現状に感謝しながら自分ができる努力をしますと、必ず変わって行きます。ムダはないのです。作用・反作用の法則の如く、自分がしたことは必ず自分に反映します。

3．私たちは、遺伝子の先端であり、過去の先祖たちと今でも一体です。先祖が生きたから、今の自分が存在しているのです。先祖との関係が切れている人間は、コノ世に存在しません。関係が切れるのは、死んだ後の話です。生きている間は、正しく先祖供養をすることが、今の自分の状態に反映します。先祖供養＝自分自身への応援、でもあります。

人間が認識して生きている世界は、半分に過ぎません。一日の間に昼夜があるように、人は昼間の期間しか見えずに右往左往して生きています。でも、見えない後の半分の世界（夜）にも生かされているのです。

だから生きている間は、見えない精霊に感謝をする神祭りや感謝の先祖供養が、必要であり作用をします。生きている限り、人間は改善と成長が可能です。

苦しみも「明るく」静観すれば、その意味と神の恩恵が見えだします。あきらめないで生きましょう。

生かして頂いて　ありがとう御座位ます

［帳尻は絶対平等　二〇一〇年十月十一日］

## 9 「ことだま」の国

（前項の感想）

古来、悪いことをすればバチが当たる、と言われます。これが真理ならば、その逆である、良いことをすれば良いことも必ず当たります。問題は、この起承転結の反射が起こる期間が、私たちには見えないことなのです。それでも、今生と死後という、昼間と夜間の二つを合わせた期間では、必ず一厘《いちりん》まで辻つまが合うと感じます。

しかし、見る視点の狭い人は、あんな悪い人が栄華を誇るのは、神も因果法則もない証拠だと思うものです。ただ、悪党でも、陰で人知れず善行をおこなっていれば、やはり善と悪の相殺《そうさい》（差し引きすること）の結果が反射します。

つまり、人を正確に評価するのは、本人の良心しかできないのです。他人の評価とは、「見える」範囲の短い期間の一面でしかありません。

見えない先祖への供養が継続できるのも、大きな善因となります。自分の欲望や願望のためならば、先祖供養は継続しません。**やはり理屈を超えて、恩や義理があると思えば、**

**見えないモノへ感謝をしたい気持ちを持てることが尊くて清いのです。**

だから、神様も先祖も見えないままの存在であるほうがよいのです。いるのかどうかもわからないままなのが、その〝生きる人間の本心を見る〟ことができるのでよいのです。もし、明らかに見える対象として存在すれば、先祖供養さえも義務であり仕事となり、心のないギブ・アンド・テイクの行為に過ぎません。

私たちはコノ世に自分の良心を試しに来ているとも感じます。自分がどこまで良心（内在する神）を発露させることができるのかを挑戦しているのが人生です。

今生きるのが苦しく感じる人は、自分のことしか考えない、自分しか見ないからかも知れません。他者への思いやりを持てば、その反射で自分が楽な心境になっていきます。

私の過去生の記憶から言えますことは、人間とはコノ世では、本当に自分の欲しいモノは得られないものであるパターンが多いのです。

欲しいモノが与えられないという葛藤の中で、どこまで自分の良心を発揮させることができるのか？ を人類は課題にしているのです。自分が欲しいモノは、他者からでも奪うのか？ を本当の自分の心が試しに来ているのが人生なのです。

お金があっても愛が与えられない、かけがえのない子どもを失くすなど、色々なパターンが人生にはあるのです。逆に、自由はたくさんあるが、お金がないなど、**人それぞれに課題が違います**。だから本当に深い意味では、コノ世に不幸というモノは存在せず、すべては成長のためという進化への過程が人生なのです。

とにかく言えますことは、この厳しい世の中でも、見えない存在や弱者にも「思いやり」が持てる心は、尊い心（内在神）です。

まさに完全「音」菩薩（観世音菩薩）という、話す言葉と行為が言霊《ことだま》となり、音となり、自分自身と他者を救うのです。

まずは日本から、世界のために良き言霊を話す人々であふれることができるのか、否《いな》か？

これに全人類の運命が懸《か》かっていると思えてならないという、最近の世界情勢なのです。

心ある人から、思いやりのある言葉（言霊）を話していきましょう。

生かして頂いて　ありがとう御座位ます

[ことだまの幸（さき）わう国　二〇一一年十一月十四日]

# 10 現状への感謝が最善に導く

願いを叶える方法を教えるなどの色々な自己啓発セミナー、瞑想や悟りなどの精神的な価値を売りものにする有料講演会がよくあります。

これは、精神世界の商売による、低次元な自我意識を増長させるワナに満ちています。「あなたには無限の可能性がある、あなたは欲しい物を何でも創造して手にできる」「もし、それが実現しないのであれば、それは自分が本当には望んでいないからだ。自分の本心を調べましょう」……などなど。

わざわざ金銭と時間をかけて集まり、大勢の中でこのような話を聞かされますと、ワーッと盛り上がるものです。先生の魂胆《こんたん》（集金の企み）磁気に感染します。

しかし、高揚したまま自宅に帰りますと、**いつもの「現実」が待っています**。先ほどの高揚感と現実とのギャップは、ますます目の前の現実からの逃避と、何も希望を実現できない自分のダメさ加減が嫌になるウツを呼びます。

**いつもの生活の現実こそが、真実です**。

自分の欲しい物や願望などは、コロコロと必ず変わって行くものです。幼い自我の欲望に過ぎません。

私は子どもの頃、怪獣ガメラになりたいと真剣に思っていたものです。大空の下でクルクルと何回も旋回していました（笑）。皆さんも似たようなことがあるでしょう。

昔はタカラジェンヌになりたいと真剣に思っていたが、今は堅実な職に就いて平凡な結婚をしたい……などなど。

必ず時と共に、自身の願望は変化をしていくものなのです。そんな変化をしてコロコロと変わる願望で、大切な自分の心（＝内在神）を痛めてはいけません。

結局は、他人の魂胆磁気に感染するような対面の相談やセミナーとは、自分のオリジナル霊性に傷を憑《つ》けるものでしかありません。迷いの自我が増すだけの不要なものです。その分、自分の内在神が発露する時期が遅れます。

要は、他人の磁気では、自分の目覚めは絶対に起こらないのです。百人いれば、百通りの目覚めへの道程があります。人間の人生と同じなのです。

先生の垢磁気が注入され、それにより自分のオリジナル磁気が低下して、体内磁気の比率が変化した違和感を勘違いして、覚醒や進化だと愚かな錯覚をする人が多いです。

今の自分の生活の中で、どんな嫌な現実があっても、それでも「現状への感謝」をすることが最重要なのです。それでも生かされているのですから。

現状への感謝の磁気を貯めることによって、自分にとっての最善の方向へと、自然と進むことになります。

つまり、現状への感謝をすることは、プラスの思いの磁気を貯めることになるのです。現状を変えたいと不満を持つよりも、感謝をしながら今にある現実の生活をすることです。そうしますと、自分にとっての最善の方向へと進みます。

現実を逃避した願望に逃げれば、それは空白期間となってしまいます。空白の上には、何も積み上がることができません。必ず後で崩壊するのです。

願望実現を本当にしたければ、現状への感謝をしましょう。その上で努力をするのが最善なのです。

生かして頂いて　ありがとう御座位ます

［いつもの現実が大切　二〇一〇年十月十日］

# 11 自分を見つめましょう

昭和までで、霊的な役目が終わっている習慣があります。それは、外在神への信仰（自分の心の中以外の神様に頼ろうとすること）、有料の霊能先生に頼ること、有料ヒーラー先生に依存すること、占術を参考にすること……などなどです。

平成に入った頃からの空気の波動の中では、このようなことをすれば効果が出ないどころか、物事が逆に「悪化する」のが本当の実態です。それは、逆に自分の足を引くハンディになっていたのです。もし、それをしても何とか行けたのは、先祖霊の懸命なサポートと、自分自身のがんばりがあったからなのです。

だからもし、このようなことと縁がなければ、もっと大きな結果を残すことができたのが真相です。その人が持つ、本来の健康や寿命にも影響します。

人々の悩みや病気の問題で、一人ずつから直接に金銭を徴収するのは、皆さんが思う以上にアノ世では重罪なのです。また、目に見えないことを「伝授」すると自称して、高額を徴収する人間もアノ世から観られますと重罪人の「有料先生」です。

これらの霊的に罪深い先生と縁を持つだけでも、本来の自分が持つ良い磁気が消えてしまいます。大きな霊的なハンディに感染します。

では、前記の経験は、まったくのムダであったのか？

そうとも言えません。そのようなことを自ら徹底的に経験し実践した人間は、それが本当にダメなことを逆に強く認識できます。自分が「最終的には」、何の改善も好転もしなかったことを実感するからです。

その認識した経験により、自分の内在神への信仰を確信を持って強めることができるのです。これは親鸞《しんらん》さんの**悪人正機**《あくにんしょうき》と同じです。罪を自覚できた悪人の改心は深いのです。これは魂の意味では、とても重要であり、アノ世へも影響することです。

しかし、中途半端な人は、内在神への確信も持てず、ズルズルと過去の悪習慣に引きずられて年月と金銭を捨てていくことになります。

自分の内在神への信仰が、生きている間にできるだけでもすごいことです。

「生かして頂いて　ありがとう御座位ます」と、日々自分の心の神様へ、働きながら感謝をするだけの信仰です。どこに行く必要も、何かを用意する必要もありません。

ただ、悲しいことに人間の怠け癖は、神棚のような目印がなければ、すぐに神様をも忘れて、自我の欲求に視点を合わせてしまいます。

でも、神棚という目印を置いているだけでもダメなのです。水交換という「行為」を、今の次元でおこなうことにより、無言の本当の「伝授」が自分の内在神からなされるのです。それは、「気づき」という形で起こります。

真理とは、金銭とは一切関係がない、アタリマエの日常の中にこそあるのです。これに気づくだけです。

コノ世は、先が見えない、確証がない、自信がない不安の中で、自分が「何を成そうとするのか」を自分で試しに来ている世界でもあるのです。

だから、先行きはわからなくてもよいのです。むしろ、そうであるべきなのです。

その中でこそ、自分の本性が出るし、「見られる」のです。

コノ世は、本当の自分を知ることが可能な次元なのです。時間が有限な世界とは、宇宙では特異でイレギュラーで貴重な次元です。貴重な限定された時間ですから、思いっ切り

偽善でも良いですから、他人のためになることをしましょう。

生かして頂いて　ありがとう御座位ます

［自分を見詰めましょう　二〇一〇年十月十三日］

# 12 近すぎて見えない

（前項の感想）

人間が一番信じていないのは、自分自身のことかも知れません。

自分自身から「おまえはダメだ、ダメだ」と言われ続ければ、本当にダメな人間に自《みず》ら

なります。自分以外の心の外側に、崇高な存在を求めることは、「自分には崇高なものが

ない」という裏返しです。心の深層では、自分はダメだと日々言い聞かせることになります。

だから、自分の心の外側に在る、他人や品物に頼る行為は、本当の自信（自神）を無く

していくのです。

自分が迷う時は、必ず他者に頼ろうとしていたことを、思い出しましょう。

だから、どんな教えでも大切なことは、その崇敬対象が自己の中にも内在するという視

点です。人間は、神仏が自己の中に内在し、生まれながらに元々一体だったことを深く理

解できた時、非常な安心感と強さを持つのです。

これが、空海さんがおっしゃった即身成仏《そくしんじょうぶつ》（生きながら仏に成る）の意味です。

内在する神仏を深く自覚できた人は、その人自身が輝き始め、その人生も輝き始めます。

しかし、私たちはコノ世で、自然の恩恵や他者、見えない善悪色々な精霊にも囲まれて生きています。だから前記のことは、自己を尊重して他者を排するという意味では決してありません。

孔子《こうし》（紀元前の中国に生きた思想家）の教えでもある、「他を敬して、頼らず」や、釈尊の「自灯明《じとうみょう》」（自分の良心を明かりとして突き進むこと）を日常生活の中で意識することが、本当に自分を改善させます。

一番信じるべき存在は、自分の心の良心（内在神）と先祖霊だということを知るだけでも、その人の生き方は変わります。

人間は必ず、全員が一人でコノ世から裸で去るのです。雑多なコノ世で生きるうちに、自分の心の神仏を見ようとした人、感謝をしていた人は、死後にその自分の行為が光源となって示現《じげん》して、その魂を大安心へと導きます。

これは、ひたすら念仏を唱えて心を向けること、阿弥陀如来《あみだにょらい》の信仰の本意（エッセンス）でもあります。私たちの中には、阿弥陀如来も存在するのです。

自分の良心を信じて生きれば、絶対に大丈夫です。
生かして頂いて　ありがとう御座位ます

［近すぎて見えない　二〇一一年十一月十六日］

# 13 いつも一緒です

私は日常生活で会う人、見かける人、すべての人々の中の内在神を自然と意識して見ています。「生きている＝神様が宿る」からです。生き物から神気が抜けますと、数日以内に必ず死にます。

どんな嫌な人物にも、内面には内在神がいます。その人の表面の嫌な部分の奥側におられる神様を観る気持ちでいますと、その人物を冷静に見ることができます。また、その人の未熟な面や、愚《おろ》かな面もよく見えます。ただ、その人の個人の嫌な面としてではなく、人類全体が持つ共通した迷いの姿の一つだと大きな視点で観えてくるのです。

そんな時の私は、その人の内在神に向かって「生かして頂いて　ありがとう御座位ます」と気持ちを〝向けて〟います。時には、気持ちを向けると言うよりも、〝打ち込む〟と言うほうが正確かも知れません。その人物の内在神が、少しでも心の表面に浮上してくれば、その人に軌道修正が起こり始めます。

しかし、自分の自我《じが》（我良《われよ》しの気持ち）が改善されるとは、人は違和感を覚えるものです。

むしろストレスを感じるのです。

その魂にとっての改善のための軌道修正を、不幸な現象や不運が自分に起こったと思い込む人が世の中の大半です。でも真相は、「不幸なショック＝自分のための軌道修正」であることが大半なのです。もっと強く言えば、どんな不幸もムダではないのです。内在神が共に体験して味わっています。

人間の幸福・不幸を引き寄せている正体は、実は自分の心の内在神なのです。

要は、コノ世での人間は二十四時間、内在神と常に一緒です。

**生きている限り、離れることが逆に不可能なのです。**

あなたは、今も神様と共にいます。

これは、とても畏《おそ》れ多いことです。完全に公平な基準とも言える神様が、自分のすべてを常に見ているのです。

悪いことをすれば、大きな罪を犯さないうちに、早めに気づくための「自分（自我）にとっての不幸」をプレゼントしてくれるかも知れませんね。ところが中には不幸から逃れようとして、御祓《おはら》いだ除霊だと右往左往してしまう人もいます。

ただ、神様の視点はとても広く大きくて、コノ世の時間以外の自分が忘れて知らない功罪のバランスも取るように働きます。だから、コノ世だけの視点では割り切れないことはあります。

要は、大丈夫なのです。生きる限り、常に神様と共にいるのですから、すべてに感謝していくことが自分にとっての最善となり、返すべき霊的借金も減らしてくれます。日常生活での感謝想起（「生かして頂いて　ありがとう御座位ます」と思いながら生活すること）は、とても重要です。

生かして頂いて　ありがとう御座位ます

［いつも一緒です　二〇一〇年十月六日］

## 14 痛いのは治療だったのです

（前項の感想）

人は、自分自身のダメな欠点の部分ほど、それに関係する外部刺激によく反応します。例えば、他人の悪口を言うのが好きな人ほど、逆に自分が言われれば反応します。反応するということは、その刺激に本当は負けているのです。**悪口を言う人の弱点は、自分自身が悪口を言われることを恐れていること**です。

自分に自信がある人間は悪口を言われましても、「ああ、そうですか」で終わります。後々そのことで悩みもしません。

つまり、自分が悩む問題とは、自分が克服するべき弱点なのです。今の自分の本心（内在神）が、本人が成長するための課題として「選択している」のです。

だから次の課題に移行した時に、昔の自分の課題（悩み）を見ますと、「あれ？　あんなことで、なぜあれほど悩んだのかな」と思えるものです。

今の自分が、過去のその時の悩んでいた自分に対して言いたいことは、「それも結局、大丈夫なんだよ」ということになるのです。

今の自分の深刻な悩みも、未来の自分（心）が大丈夫だと静観しています。むしろ、下手な手助けはせずに、「そうそう、もっとガンバレ！」と見ています。これは神様でも同じです。せっかく用意された限定時間（人生）の中で、できるだけ本人の魂が成長し、その人間の自我（我良しの思い）が昇華することを神様は思って静観します。正神ほど、個人の悩みや願望に干渉しません。下位の霊的存在ほど、個人の欲望に加担します。それは正神ではなく、交換条件があるということです。トータルで精算した場合、これは実は大きな損なのです。

コノ世の真相は、済んだ過去も、今の状態も、同時に並行して存在しています。嫌な過去を思い出せば、「もう大丈夫だよ」と〝その時の〟自分自身に言い聞かせましょう。そして、今の苦しい自分には、これも時間限定の経験であり弱点の昇華だと思い、「何とかなる」と言い聞かせましょう。

すべては安心に向かって進行するのが宇宙法則です。これに逆らいますと、苦しくなります。

アノ世に帰れば、コノ世の悩みこそが、**軌道修正をうながして自分を助けようとしていたことを、自分の心が知ります。**

生かして頂いて　ありがとう御座位ます

［痛いのは治療だったのです　二〇一一年十一月十二日］

## 15 事前の覚悟が大切

恋愛などは、お互いに時間を作って、いわゆる用意された最善の状態で会っていると言えます。数時間の間では、多少の問題を感じていても、何となく過ごしているものです。そして、何となく惰性《だせい》で恋愛が進みます。

相手の最善の状態ばかりを見て結婚しますと、後から違和感や不満が出やすいのです。最善の状態で会う恋愛期間と、すべてを共にする結婚生活では、まったく違うものなのです。住まいの問題、収入の問題、親族との関係、生活習慣の相違……、結婚前には思いもよらなかった現実に直面します。

この視点を忘れずに、恋愛中も相手を静観して選択ができれば、結婚後も違和感は少ないです。先に覚悟ができているからです。

これは、何にでも言えます。就職でもそうです。誰でも仕事を選ぶ時は、条件や良い面ばかりを比較して注目しているものです。これでは、就職した後に不満が出やすいものです。

会社を選ぶ時は、良い面ばかりを探さずに、その仕事から起こり得る嫌な面を調べて認識していればよいです。それを覚悟した上で就職しますと、耐えられるものです。

伊勢白山道ブログのコメント欄でも似たことが言えます。良いコメントばかりではなく、色々な心の段階の意見が出されます。

これらが混在する現実の中で、それでも自分の良心を守れるのか？　それでも自分の内面に神様を見ようと「する」のかが大切なのです。

スサノオ系の眷属神は、

「お金を払ってでも、ストレスを買え。その中でこそ心の成長は〝起こる〟。そして、それは心の永遠性と真の自由を得ることにつながる」

と、極端なことを示唆《しさ》します。

現代では、自ら苦労を買う必要はありませんが、嫌な仕事などは最高の修行の場にできるのは真実です。しかも、給与まで付いてきます。もし、今の家庭や仕事、環境が嫌ならば、逃げることを考えずに、「それを好きになる」努力と工夫が大切です。

私も仕事が嫌で辛い間は、転機は来ませんでした。しかし、その場所を成長するための場だと覚悟してから成果が出て、転勤の辞令を受けました。その苦しい時の御蔭で、自分の意志力・実現力は大きく増しました。

コメント欄での質問には、私は似たような返事しかしませんが、目に見えるコメントは重要ではないのです。読者各人の内在神との感応により、種火を点けるだけで十分なのです。後は各人が自力で自分の内面に神性の種火を感じだした時、その読者の現状の変化は起こり始めます。

これは金銭には換えることができない、本当に尊くて価値のあることです。コノ世を振り返る時、わかります。

だから、現状が苦しい人も、幸福な人も大丈夫です。

今の生かされている現状に感謝をしながら、自分ができることをしていきましょう。

その上で、先祖や精霊にも感謝を捧げる行為ができれば、それは非常に尊いことです。

生かして頂いて　ありがとう御座位ます

［事前の覚悟が大切　二〇一〇年十一月七日］

## 16 自分で経験すればわかります

（前項の感想）

重病から生還した人は、普通の生活ができること自体が、すごく輝いていて素晴らしいことだったとわかったと言います。それまでの悩みが、本当に小さいことであり、それさえも「愛《いと》おしい」と思えるとも言います。

コノ世のすべては、「生きていればこそ」の悩みと喜びです。

人間は、すべてが期間限定（人生）の経験であることを忘れていますと、小さなことに囚われて悩みます。

結婚ができないと悩む人もいれば、結婚は地獄だと泣いている人もいます。子どもができないことを深く悩む人もいれば、生まれた子どものことでひどく悩んでいる人もいます。

要は人間とは、どの立場になっても悩みが発生するのです。自分の自我が、上手に悩む課題を必ず見つけてくれます。

だから、どうせ悩みが尽きないならば、「悩み＝生きている証《あかし》」だと〝静観〟ができれば、その悩みから〝生還〟できます。そして、次の課題へと進むのです。

本当は、今の自分の現状が、最適な状態で流れているのが因果の相殺《そうさい》（差し引き）の法則なのです。その人間に「ちょうど良い」状態が絶えず流れています。今の自分には、すべてがちょうど良いのです。意味があるのです。

自分が努力した分は、いつか必ず良い因果として反映します。

昼と夜があって一日です。いま見える昼間（コノ世）だけの視点では、矛盾と不公平感に満ちていることでしょう。しかし、見えない夜間（アノ世）に行ってから気づいても、その時はもう遅いのです。

でもそうならば、生きている間に誰もが納得できるように、因果を見えるようにして欲しいと、人は思うものです。そうすれば、不要な罪も犯さずに済んだとも思えるでしょう。

しかし、心の本性を磨くために、魂は自ら目隠しをして生まれて来るのです。コンビニの隠しカメラに気づけば、盗む気持ちがある人間は本性を出しません。

このような確証のない話も、自分の本性へのヒントに過ぎません。生きている間に、自分に素直さがあれば聞く耳を持てます。

ただ、生きている間に、自分で確信できる可能性が誰にでもあります。

そのためには、先祖と神様への感謝をしながら（これには先祖と精霊からの援助がありす）、自分の現状の中で「感謝するべきこと」に気づいていくことです。

この努力により、生死の境を経験した人のように、すべてが「神様と共に生きている輝き」であることが自覚できます。自分で自覚したことは、説明も証明も不要なのです。

生かして頂いて　ありがとう御座位ます

［自分で経験すれば分かります　二〇一一年十二月十一日］

# 17 わざわざ不自由を求めて来たのです

コノ世は本当に不自由な世界です。自分の思い通りにいかない世界です。仕事が見つかったと思えば、健康問題が発覚したり。仕事がない時はヒマを持て余して、良からぬ遊びで借金を増やしたり。独身の時は死ぬほど結婚をしたがり、結婚をすれば夫婦関係に死ぬほど苦しみ。死ぬほど正社員を求めて就職すれば、今度は仕事で死ぬほど悩むことばかり、と。

これは、何かが変だと思いませんか？　とにかく、思い通りにいかないことを、あえて私たちが体験するように物事が流れて行くようにできているのです。

これの答えは、コノ世に肉体を持つ時間は、有限だということです。期間限定なのです。どんな苦しみや悲しみや喜びも、必ず終わって過ぎ去って行きます。

**だから逆に言えば、絶対に耐えることができるし、最終的には誰もが「大丈夫」なのです。**

永遠に死なない・死ねない不滅な私たちの心が、期限のある、不自由な、すぐに臭く腐る肉体に乗車しているのです。私たちは、わざわざ自分からコノ世に、不自由な肉体に乗りに来たのです。

しかも、この肉体を運転する間（生きている間）は、あえて先が見えないように自分からライトを消して運転をしています。前が見えないジャングルを進んで行くのですから、何度も道に迷い、壁に打ち当たり、迂回《うかい》を繰り返します。

でも、**これを自ら体験したくて、**今の肉体に乗りに来たのです。

この不自由な乗り物の耐用年数が過ぎて、歯が抜け、足が使えなくなり、内臓も脳も役目を終えて、最後まで乗り切ってこの乗り物から心が降りる時、その達成感とはすごいものです。

そして、死後の四十九日間をかけて、心が通過して来たジャングルの軌跡を振り返った時、色々と思うことがあるのです。不自由なジャングルの苦労体験をせずに、じっと何もせずに座ったままでいた人や、自我の欲望へと誘導された人は、大きな後悔をします。いったい何のために、わざわざジャングルを横断しに来たのかと。

時が来れば嫌でも、**時間が無い、変化が無い、静寂の世界**へと誰もが帰るのです。その時に嫌というほど瞑想もできます。じっと座ったままでもいられます。

せっかくのジャングルの旅を台無しにさせる、悪徳な有料先生がジャングルには沢山いますから注意です。貴重な体験のできる人生を捨てさせ、ずる休みをさせようと誘惑します。

コノ世のジャングルの行程を正しく体験し、その限られた中でも楽しく過ごす方法も、神様は恩寵《おんちょう》（プレゼント）として用意されています。

それは、乗り物（＝肉体）を運転中は、外からの甘い言葉に頼らずに、自分という乗り物の中に隠れている良心という光を見ようとすることです。そうすれば、コノ世で正しく前進・繁栄する仕組みになっているのです。

自分の中の良心の光を信じて、見つめて生きましょう。

人生という旅を楽しむことができるし、必ず良い旅となっていきます。

生かして頂いて　ありがとう御座位ます

［わざわざ不自由を求めて来たのです　二〇一〇年十月二十八日］

# 18 アタリマエなことにも感動できる徳が大切

（前項の感想）

私が学生の頃、ある街で太麺の中華ソバを食べるのが好きでした。その地域に行った時は、必ず食べていました。あっさりした醤油系スープに、五ミリほどの極太麺です。麺を茹でるだけでも二十分はかかります。客は店外で列をなし、店に入り着席しますと黙ったままで、店主が麺を茹でる手元を見つめて待ちます。

若い頃はこれを、なぜか無性に食べたくなりました。この店は早朝から営業しており、地域の人々が朝飯代わりにも食べていました。三十年前でも、一杯七百円もしていました。大盛りで九百円です。この高い中華ソバが、いつも満席だったのです。金のない学生の私には、これを食べるのが楽しみであり贅沢でした。

超金持ちが、高価なフカヒレをラーメンのように食べたとしても、美味しいと感動するでしょうか。少なくとも、小汚い狭い店の七百円の中華ソバは、食べようともしないし、食べても美味しいと思わないかも知れません。

同じ生きる人間でも、感動がないとは不幸なことです。人間は、感動・感激して喜び、楽しむことが、生まれて来る目的の重要な要素です。

お金持ちは、小さなことに感動できなくなっていくハンディを持ちます。自分のアタリマエの基準が上がる中でも、小さなことに感動できるには、**感謝の心を忘れないことです。**

コノ世には「三の法則」があります。誕生―創造―破壊のサイクルを宇宙は繰り返し、個人にも反映するという古代インドの思想です。

どんな裕福な家庭でも、ちょうど三代目で、二代目までの栄華を破壊する傾向がありま す。これは、どの家庭でも言えることであり、三代目の人間とは家系の因果の決算を受ける節目の意味があります。

数十代も続く家系でも、三代単位で着目しますと、この法則は存在します。税制的にも、三代目で初代の資産が消えるとも言われます。

**この三代目を無難にするには、感謝の先祖供養がとても重要です。本人の生き方次第で、家系をより発展させることも可能なのが三代目でもあります。**

人間は、不幸すぎても感動を失くします。しかし、少しでも改善や嬉しいことがあれば、その喜びとは大きなものに成り得ます。

ところが、裕福で結構な状態でも、感謝の心を失くしていれば、後は落ちるしかないのです。良い状態でも感謝も感動もなければ、段々とそれを失くしていきます。大金持ちだった人が、月に十五万円の収入で生活する時は、生き地獄かも知れません。


要は、人間はそれぞれの色々な環境があるでしょうが、今の自分の環境の中でも感謝するべきことに気づき始めますと、新たな改善と成長が始まるのです。

だから成功者でも、現状の有り難みに気づければ、まだまだ成長ができます。

日本のこれからは、現状への有り難さに気づく人が増えるほど、災難を乗り越えて明るく発展していきます。

生かして頂いて　ありがとう御座位ます

[アタリマエなことにも感動できる徳が大切　二〇一一年十一月三十日]

# 19 自分の本心がカギです

人間は、今の自分の環境の中で「感謝するべきこと」に気がつけない限り、次の段階へは進めないものです。いつまでも、同じような環境での繰り返し、堂々巡りをします。それをさせている犯人は、いったい誰か？

原因は何か？

運が悪いからだ、生霊だ、霊障のせいだ、土地の因縁だ、自分の前世が悪いからだ……と、皆さん心配をされます。そして、悪徳占い師や悪徳な動物根性の先生につかまり、余計に時間も金銭も心身も健康も食われて亡くします。また、すべてを捨てさせる高額な自称の伝授をする商売瞑想家にもダマされます。

実は深い意味では、犯人は自分自身なのです。

自分の本心《ほんしん》（内在神＝真我《しんが》）が許さないからです。自分の現状の中に、感謝すべきことに気づけない間は、本当の自分が「これでもかー」というぐらいに、同じようなパターンを繰り返させます。

いつも一緒にいる自分の本心が見ているのですから、ウソも演技も通じません。自分の本心を納得させることができれば、自然と次の道が開ける法則が、現実界に貫徹しています。

次の道が開いた時、人はそれをラッキーだった、運が良かった、で済ませていますが、それは違います。

**自分の本心が、許した、納得したからです**。

そして、この現実界という肉体（物質）の次元では、それを授けた先祖霊が干渉できる世界なのです。自分の本心が納得すれば、先祖霊も正しく応援できる世界です。

要は、コノ世では、自分の本心が幸運も、不運も、健康・寿命もカギを握っています。他人や自分以外の問題が犯人ではなかったのです。

人間が貧乏にも裕福にもなるのは、思われる以上に短期間で「起こる」「成る」ものなのです。変化を経験した人間は、一瞬で変わったと振り返ることでしょう。

自分の本心とは、本当に手強《てごわ》い存在です。自分の本心がわからない人間が多いのです。

自分の本心がわからないと、悩むことになります。

自分の本心がわかれば、悩まずに進むことができます。

自分の本心を知るヒントは、現状の中にすでにあります。どこか他所《よそ》に探し求める必要はありません。

生かして頂いて　ありがとう御座位ます

[自分の本心がカギです　二〇一〇年十一月二日]

# 20 一番の強敵は自分の中に

（前項の感想）

人間の自我《じが》（自分のための思い）からの希望は、なかなか実現しないものです。結婚・仕事・金運・勉強……、何にでも言えます。

**自分の願いを邪魔する犯人は、他人や霊障や運命ではなく、自分自身の自我なのです。**

自我が願った内容を、自我自身が邪魔をしているという真相が存在します。

自我とは、天邪鬼《あまのじゃく》（素直でなく、わざと反対をおこなう者）なのです。人間は、全員がこの自我という子鬼《こおに》を抱えています。

また、自我からの願いは、それが自分の本心（内在神）とは合わないから、実現しないとも言えます。自分の本心（心の良心）と合う願いは、先祖や精霊からも応援されます。

では、自分の希望を実現したければ、どうすればよいのでしょうか？

1．素直な視点から、その希望を眺めてみること。

2．現状における、目の前の問題と「和解」ができるように、自分の本心が納得するまで努力すること。つまり、希望という未来にいきなり飛ばずに、今の目の前の問題をクリアすることが、**深層で思う希望へと近づくことになります**。

今までの成功術には、これらが抜けているのです。現状を捨てて、いきなり自我の希望へと邁進《まいしん》してもムダです。現状の問題を見なかった分、余計に悪い方向に行きます。自我という子鬼を霊的背景に持つ、祈願や成功術が社会には多過ぎます。子鬼を相手にせずに、自分の心の良心（内在神）へと「絶えず」「いつも」振り向くことが大切です。

これから特に、「他人のため」の思いは実現されやすくなります。自分の結婚・仕事・勉強……、このような個人的な問題にも、他人へ貢献したいという思いからならば、自分なりのがんばりが発揮できて、プラスアルファの応援をされるものです。

自分だけのための思いとは、自分が苦しくなる方向に向きますので要注意です。最初は良くても、結果が良くないのです。

でも、これは自分自身を他人のために、ないがしろにしろということではありません。

一番に守るべきは、自分の心の内在神（良心）なのです。

自分の心（内在神）を安心させるようにしながら、自分の自我（子鬼）からの思いをサニワ（判断する。切り分けること）していきましょう。

まあ、細かいことを心配せずに、この言葉の思いで生きていけば、カンナガラ（神様による自動運転）な生活へと進んで行きます。

生かして頂いて　ありがとう御座位ます

［一番の強敵は、自分の中に居ます　二〇一一年十二月五日］

## 21　内面から変わります

今朝、ふと窓から外を見た時、ちょうど山並みの上から太陽が出ていました。空の曇り具合と生活パターンにより、きれいにタイミングが合って朝日を見られたのは久しぶりでした。ガラス窓と薄いレースのカーテン越しに室内から見たのですが、とても暖かさを感じました。

室内からでも太陽の直視は目に良くないので、頭を下げ気味にして瞑目《めいもく》し、手を合わせました。自然と出る息遣いは、「アマテラスオホミカミ　アマテラスオホミカミ」を、繰り返していました。

太陽の心地良い光の暖かさとは絶妙です。

パンを焼いていても、注意をしなければ焦がすものです。家内がＩＨのシステムキッチンで魚を焼く時、いつもは手動で焼き加減を気にしながら焼いていたのですが、自動モードを選択しましたら魚の中まで絶妙な焼き加減でした。

家内が何となく焼き加減を機器にお任せするのが嫌だったから使用しなかった機能なの

ですが、何でも試してみるものですね。

私たちが不安になるのは、何も信じられない、頼りにならない、と思い込んでいる面が気持ちの根底にあります。

何も信じられないのならば、**「神様は自分で自身を助けようとする者を〝黙って〟陰から助ける」**という真理からも、自分ができる努力をする人は大丈夫です。

しかし、特に最近の社会では、何も信じられないから「何もしたくない」「何もできない」と思い込み、初めからあきらめて自分自身（自神）をも見捨てている人が多いのです。

これは、本当にもったいないことです。

肉体は、いずれ必ず無くなるのですから、せめて短距離走（人生）の間ぐらいは、自分なりに思いっ切り走れば後で後悔をしません。

あなたの心は、死後も必ず継続をするのですから、肉体を脱いだ時に、「なんだ、大したことではなかったんだ。もっと苦労をすれば良かった。もっと親孝行すべきだった。もっと他人に思いやりを持てば良かった……」と、誰もが自分なりの規模で振り返って思うものです。私はリアルに覚えています。

そして、あれほど絶望して嫌だった短距離走のコース（人生）を振り返り、申し訳なかった、有り難いことだったなと、バルドォ期間（死後の四十九日間。魂はこの間に人生を振り返り、自分自身で行き先を決める）を進んで行きます。

私たちは自分が生まれた奇跡を、もっと信じましょう。

自分ができることをしているならば、後は「お任せ」「任せ切る」ことも、人生には必要です。

太陽が絶妙な焼き加減を地球に提供しているのは、神様が実在する証拠です。

手動の人為では、絶対に有り得ない神技です。

すべては、この言葉と共に歩く目線を忘れなければ大丈夫です。それが、

生かして頂いて　ありがとう御座位ます

［内面から変わります　二〇一〇年十一月十七日］

## 22 結果よりも過程を重視する生き方

（前項の感想）

人間が一番信じていないのは、自分自身のことかも知れません。でも、何でも責任は自分に来るので、少しでも人生を良くしたいと思い、自分以上に他人を信じようとします。こんなダメな自分よりも、他人のほうが頼りになると思うのでしょう。

でも、そうする間は、ダメなままです。

生きているのは、自分なのです。他人ではないのです。自分の内在神（良心）を信じて、最後まで内在神と生きる覚悟ができた時、その人間は変わり始めます。

人間は、コノ世の結果ばかりを重視しています。しかし、コノ世の結果とは、終われば過ぎ去って必ず消えて行くモノなのです。

神様は、結果よりも、その過程こそがすべてだと示します。

結果重視で生きるのは、コノ世の物質に拘束された生き方です。**過程重視で生きることは、自分の良心を大切にした生き方です**。過程とは、そのプロセス、「道」筋のことです。

この違いは、霊的には天と地ほどの違いがあります。

簡単な例えでは、結婚することだけをゴールにして目標にしますと、相手を冷静に見る、考えることをしていません。結婚後は、なかなか大変です。結婚という結果を得ましても、その先もあることを考えましょう。

恋愛の過程を重視した上での結婚は、相手をよく見た上でのことですので、結果重視よりもマシです。

勉強でも、解き方の記憶と、答えを合わせる得点を重視した勉強ばかりをしていますと、その思考の過程が身に付きません。これは、学校の定期試験の点数は良いが、範囲が広い実力試験では悪いという傾向の生徒を生みます。やはり本番の入試でも弱いです。

勉強も、点数という結果よりも、過程を重視する勉強法が本人のためになります。親は、点数ばかりで怒らずに、勉強へ取り組む態度を見ることです。

過程（良心を大切にする）を重視すれば、目先の結果（人生）は悪くても、アノ世では評価されます。コノ世のどんな結果（地位・名声・財産……）も、アノ世へは持参ができません。アノ世に持ち越せるのは、その過程（経験・人生）だけなのです。

自分の環境（結果）が惨めだと悲しむ人がいますが、それでも生かされている日々の過程を大切にしましょう。

もし、過程（良心）を大切に生きられれば、それは最高の人生なのです。過程を捨ててはいけません。

生かして頂いて　ありがとう御座位ます

［自分を信じて、過程を大切に　二〇一一年十二月二十八日］

# 23 生きてくれた過去の自分に感謝を

過去の自分が満たされなかった心の飢餓感は、今の自分に影響をしているものです。今の自分は、このことに気がつかないだけです。人は過去のことを忘れていきますし、たとえ覚えていましても、今の問題にリンク付けをするのが難しいのです。

過去の出来事が今の自分に、どんな影響をしているのかは、色々なケースがあります。

過去に愛情に飢えた自分がいたならば、今の自分にはなぜか過剰な食欲として現れているケースが、特に女性には多いです。

過去の愛情の飢えならば、今も愛情を求めるはずなのですが、ここが人類の意識が複雑な点です。

これは自分の無意識が、今も愛情を得ることが難しいと判断をしますと、代わりに食欲で満たそうとする「代替《だいたい》する行為」で満足を求めます。

愛情の飢餓感が、食欲の飢餓感へと代替されるのです。

これは、霊の次元では筋が通った話です。

愛情欲も食欲も、物質がない意識だけの次元では、求める気持ちは共通します。この代替行為がクセモノなのです。今の自分の好きな趣味や、やめられない悪趣味、性的嗜好、不運、幸運、財運、仕事、健康、寿命……、すべてにリンクしています。

代替行為の霊的リンク付けを、細かく分析することができれば、今の自分は「そうなるべくしてなった」ということが明らかとなります。これは、因縁や因果とも関連します。

代替行為という物質と精神が混在した反射と変換を経た「現れ」が、現在の自分に起こります。しかし、過去の問題と今の状態をリンク付けをして、認識をする必要はないのです。それはムダな作業です。要は今の自分は、ただの偶然や不運で現状にいるのではないということを知ればよいです。

今が苦しい人は、この法則が機能しているとも言えます。だから逆に言えば、絶対に改善する人でもあるのです。

なぜならば、今から良い反射を生む行為と生活をしていけばよいだけですから。そうしますと、放っておいてもこれから良くなっていきます。

では、どうすればよいのでしょうか？

過去の自分に対して、感謝を捧げることが大切なのです。**過去の自分が「生きた」からこそ、今の自分はいるのです**。今の自分を抹殺しようとする人は多いです。自殺に近い心境です。でも、これでは未来の自分は困りますね。

過去の自分が、恥ずかしい物事や、苦しいこと、汚いこと、危険を冒しても、「それでも」生きてくれたからこそ、今の自分が生かされています。

この生きてくれた過去の自分に対して、今の自分から「生かして頂いて　ありがとう御座位ます」と感謝と挨拶をすることは、霊的な意味を持ちます。

これを繰り返すことにより、過去の自分からの代替行為を段々と昇華させることが可能です。

「先祖のため」の、寄《よ》り代《しろ》（「○○家先祖代々の霊位」と記した短冊《たんざく》や位牌《いはい》のこと）と線香三本による感謝の先祖供養と併《あわ》せて、過去の自分にも感謝をしていきますと、アノ世とコノ世、両方からの改善が発動します。

生かして頂いて　ありがとう御座位ます

［生きてくれた過去の自分に感謝を　二〇一〇年一一月九日］

# 24 今とは過去にも未来にも干渉できる特異点

（前項の感想）
「過去の自分が『生きた』からこそ、今の自分はいるのです。」とは、人が忘れている視点です。

昔の苦しかった時の自分を思い出して、それが今となれば懐かしい思い出と思えるならば、その過去の時の自分はすでに昇華していて大丈夫です。しかし、昔の自分を思い出して、今でも悲しくて辛い思いがするならば、その時の自分はまだ生きているのです。

これが霊障というモノの正体の大半です。この場合は、自己霊障（自分の生霊による霊障）と言えます。もちろん、他者の死霊という残存思念（これも磁気）による霊障も実在します。

この二つの影響共に、「生かして頂いて　ありがとう御座位ます」という磁気を送ることが有効です。

まさに過去の自分が生きてくれたからこそ、今の自分がいるのです。これは、先祖にも同じことが言えます。先祖も、過去の自分も、もし欠けていれば今の自分は存在しません。

今の自分が過去の自分に感謝をすることで、未来の自分も生かされる道ができ始めます。


死霊に対しましても、「生かして頂いて　ありがとう御座位ます」という死の対極である生を意識することは、「死霊が同調できない」真逆の思念なのです。

これは死霊から自分を守り、死霊に対しては気づきを諭《さと》します。死霊に昇華をうながすことになります。


過ぎ去ったと思える過去も、自分が忘れていても脳内（宇宙）では磁気として残存して、並行する他の次元に実在しています。

今の自分だけが、過去と未来の自分を左右させることが可能な、特異点の自分なのです。

この法則は死後も同じです。


霊界にいた魂が、さらに上の神界へと行きたければ、必ず現実界に生まれ出て通過するしか道はないのです。他の次元間での行き来は、上の次元からの一方通行です。

実際の宇宙も、ブラックホールという一点で、他の宇宙との接続がされていると推測されています。今の私たちが生きる現実界は、自分の行動次第で神界にも地獄にも行くことが可能な、ブラックホールの特異点とも言えそうです。

過去の自分と先祖にも感謝し、今と未来の自分にも感謝をして生きましょう。できる限り自分の良心に素直に生きれば、後で後悔はしません。

結局、今日の話の要点は、現状にも感謝ができれば、その人は幸いなる人です。その人なりの最善の未来へと進まれます。

生かして頂いて　ありがとう御座位ます

［今とは過去にも未来にも干渉できる特異点　二〇一一年十二月十九日］

# 第二章

# 良い気持ちを配れば配るほど、天から与えられる時節です

# 1 子どもライオンは前向きに生きました

ライオン親子のドキュメンタリー番組が放送されているのを途中から見ました。子どもライオンの一匹が、下半身が完全にマヒして動きませんでした。バッファローの狩りの時に巻き込まれて、下半身を踏まれたようです。前足だけで踏ん張って、下半身を地面に引きずりながら懸命に歩いていました。

ライオンは群れで生活をし、集団行動を優先させる掟《おきて》があるようでした。だから歩くのが不自由な子どもライオンも、集団での移動に付いて行こうとしてがんばっていました。子どもライオンが遅れても追いついた時には、母親ライオンだけでなく他の親ライオンたちも一緒になって、子どもライオンの顔を舐《な》めて「よくがんばったね！」とほめ讃えている様子が良くわかりました。

ライオンがとても愛情の深い行動と仕草を示すのは、意外でもあり考えさせられました。「今の日本人の親子関係は大丈夫か？」と思い浮かび、もしかすると、ライオンに負けているかも知れないと思いました。

この番組の最後には、長い乾季のために川の水がなくなり、川の上流へとライオンの群れが移動する必要に迫られました。ギリギリまで全員が水を摂取しないまま、足が不自由な子どもライオンのために移動を我慢していました。しかし、とうとう群れの命を守るために移動を始めたのでした。親ライオンたちは何度も何度も振り返り、子どもライオンを見つめていました。その表情は、人間と同じ感情を思わせるものでした。

子どもライオンが必死に群れの後を追うシーンで番組は終わりました……。

砂地には子どもライオンが下半身を引きずった跡が、一本の蛇行《だこう》した線となり長く続いていました。おそらく、後ろ足をピンと伸ばしたままの姿で、飢えと乾きで死んだことでしょう。最後のナレーションでは、地平線に真っ赤な太陽が静かに沈んで行くのが映されていました。

これを見終わった時に感じたことは、ただの悲しさではなくて、清々《すがすが》しさでした。子どもライオンが前方だけを見つめて下半身を引きずりながら懸命に歩く姿は、命が堂々と燃焼している崇高さを感じさせました。前向きに生きて、そのまま前に倒れて終わる潔《いさぎよ》さと一途《いちず》さには、感動させるものがあります。

私たちも、何も考えずに、このように生き切れば成仏は間違いないです。

過去を振り返る後ろ向きではなく、前向きに進みましょう。
成仏＝内在神と完全に一体と「成る」ことです。
前向きに潔く生きれば、絶対に大丈夫です。永遠の安心へと進めます。

生かして頂いて　ありがとう御座位ます

［子供ライオンは前向きに生きました　二〇一〇年十月十二日］

## 2 自分の生霊に苦しむ

（前項の感想）

人間は過去の嫌な出来事にこだわる・執着する間は、せっかく白紙である現在と未来に対して、自分自身で嫌な過去を新たに植えつけています。そうしますと、嫌な過去は継続中となります。

自分が被害者であるのですが、明日の自分に対して、嫌な過去の思いを投射している犯人は自分自身なのです。これは自分にとっては、本当に損なことなのです。過去の呪縛《じゅばく》に負け続けています。

過去の自分に対して迷惑と理不尽《りふじん》をした連中が悪いのは当然なのですが、**今の自分に対する責任は自分自身にあります**。過去の悪い思い出により、今の自分を縛《しば》るのは、一種の自傷行為とも言えます。

では、どうすればよいのでしょうか？　嫌な過去を忘れればよいのでしょうか？

いいえ、嫌な過去を無理に忘れれば、それが隠れたトラウマとなり、今の自分の心身共に原因不明の抑圧状態を起こすものです。

**霊障だとされるものの大半は、忘れている嫌な記憶が犯人であることが多いのです**。だから嫌な過去は、忘れようとしないでもよいです。

苦しい時の自分と過去を思い出せば、「もう大丈夫だよ」「その連中とは、その後で関係が終わっているよ」などなどと、今の状態からのアドバイスを過去の自分に対して思うことを繰り返せばよいです。

**今の自分とは、過去の自分から見ますと、その後の人生（未来）を知っている守護霊でもあるのです**。

イギリスのドキュメンタリー番組では、学校で同級生の男子たちからイジメに遭った女性が、その後の数十年間にわたり苦しみ続けた実話が取り上げられていました。結婚後も男性に対する不信感が消えずに、彼女は苦しんでおられました。

番組では、そのイジメをした元同級生たちに連絡をとり、彼女と面会をさせました。出演交渉の模様では、彼らは社会で働き、それなりにがんばっていました。スタッフが番組の内容を話しますと、その全員が驚き、イジメをした記憶がまったくないと言うのです。そでも、もしそうならば……とその同級生の大半が彼女に謝ると申し出をされました。そして面会をして謝罪を受けた彼女は、〝何かから解放されたように〟涙を流し、笑顔が戻りました。

イジメたほうは完全に忘れており、被害者は数十年間も過去に縛られていたのです。責任論では誰が悪いのかは明らかです。しかし、過去に縛られる間は、自分が「損」だということです。彼女には、自分自身の生霊《いきりょう》が自縛霊として憑依《ひょうい》しているのを感じました。

やはり人間は、生きている間は、過去の嫌なことへの「執着」を解くことが大切であり、今の自分には「お得」なのです。

そして、今の自分にも感謝ができれば、とても良いことです。

さらには、子どもライオンのように、最後まで家族に会う希望を持ったまま、前向きな意識で死ねれば最高です。一年前に見た動物番組ですが、真っ直ぐに伸ばした短い後ろ足を思い出します。

生かして頂いて　ありがとう御座位ます

［自分の生霊に苦しむ　二〇一一年十一月十五日］

## 3 「思いは軽く」がミソです

精神が追い詰められて視野が狭くなっている人が多いです。こんな時は、さらに失敗を重ねるものです。これは不運ではなくて、自分の配慮不足が招いています。

自分を追い詰めている犯人は、嫌な他人ではなくて、本当は自分自身なのです。やはり、何を自分の幸福とするかの視点で、その人間の精神状態が決まっていきます。

私の場合は社会で働きだす時には、「精神的な修行を社会の中でする」という目的意識を持っていましたから、精神が追い詰められるような仕事のストレスも喜々として耐えることが最初からできました。何があっても、この刺激を昇華して「自分の意識の拡大を目指すのだ！」と燃えていました。しかも、この修行には勝手に給与まで付いてきます。

でも、私が寝る布団の下の畳は、寝汗で人の形に湿《しめ》りました（笑）。

ギリギリな精神状態こそが、逆に大きな成長を起こさせます。

だから今が苦しい人は、小さな精神的な飛躍をする分岐点に来ているとも言えます。これを悪い方向に行かないで、心の安定へと自分から行かなくてはいけません。

実際に感謝想起（「生かして頂いて　ありがとう御座位ます」と思うこと）を繰り返しながら、仕事とストレスをクリアしていくに従って、私の意志力は強靭《きょうじん》になっていきました。段々と「軽く思うこと」が、早めに現実化する現象が始まりました。

**人間の思いとは、強く激しくしてもダメなのです。**「思い＝重い」と悪い変化を逆にしてしまいます。

**コノ世で大切なのは、何事にも執着（悪いこだわり）をしないことであり、愛する（＝感謝の気持ちを与える）ことです。**

執着とは、何かを「止めようとすること」でもあるのです。でも、コノ世は「流れて行く」次元です。「止めようとする」個人の意思と、コノ世の次元（＝神様）の「流れようとする」意志とでは、絶対に合わないのです。

神様の意志に合わないことは、コノ世では叶《かな》わないのです。

1．何があっても、そのことから自分の心を成長させる視点を持つことが大切です。
2．そして、自分の願い事は、普段に「軽く思って、置いておくこと」がよいです。
3．さらに、すべてを愛する（＝感謝の気持ちを与える）視点で生活ができれば最高であり、楽しくなれます。

何があっても、コノ世だけの時間限定のことですから、全員がそれなりにがんばれます。**生きているだけでも有り難いという視点を忘れなければ**、どんな状態でも大丈夫なのです。まだまだ行けます。

生かして頂いて　ありがとう御座位ます

［思いは軽く～がミソです　二〇一〇年十月八日］

# 4　少ない悪い点に惑わされるな

（前項の感想）

私たちは、良いことは直《じき》に忘れて、アタリマエにしてしまいます。しかし悪いことは決して忘れず、普段も思い続けます。この違いは何なのでしょうか。

人間とは、九割が良くても、たった一割の悪いことがあれば、全部が悪いと錯覚する習性があります。**何をしていても、一割の悪いことのために、全部が面白くなくなるのです。**

これを脱出するためには、今ある九割の良いことに注目して、そのことに感謝をすることです。このような意識を持つ大切さを知らないと、いつの間にか九割が悪くなり、一割しか良い点がないという絶望へと進むものです。

だから、仕事で嫌なことがあっても、その前に仕事の御蔭で給与があることに感謝しましょう。嫌なことに気持ちが取られますと、自分の給与も失くす事態へと進むものです。

後で冷静に考えますと、あんな嫌な人間のために、家族の生活費まで失ったバカさ加減に気づきます。もし嫌な人間がいれば、余計に平然とがんばることが、相手へのお返しになります。

これと同じことが、離婚問題、学校でのイジメ、病気の悩みでも言えるのです。つまり、悪い点よりも、今の良い点、感謝すべき点に気づこうとする意識を持ちましょう。このようなことを言いますと、良い点など一つもないと言う人はいます。でも、それでも生かされているのです。素直になって、感謝すべきことを認識し始めた時に、その人の改善は始まります。

将来への不安感は、今の時点での有り難さへの感謝を忘れさせます。
これに注意すること。
現状への感謝をしながら、自分のできることをし続けること。
この継続が未来となります。そして、大丈夫になります。
明日の自分も、止まらずに歩いていることでしょう。大安心へと向かいます。

生かして頂いて　ありがとう御座位ます

［少ない悪い点に駆逐されるな　二〇一一年十一月十三日］

# 5　強く生きる

人間は与えられた現状の中で、「強く生きよ」と今朝の神示では示されます。他人に対して強く生きるのではなく、自分の現状を〝それでも〟活かそう、楽しもうと思うことです。

現状から逃げたい、逃れたいと人間は誰でも思うものです。しかし残念ながら、そのように思う間は、現状は改善しないものです。むしろ悪くなります。

もし苦しい中でも、それでも「活かそう」「楽しもう」とすることは、「強く生きている」ことになります。根源的な存在は、各人の内在神を通じて、これを観ています。

永遠に死ぬことが不可能な私たちの心が、期間限定の人生ゲームを試しにコノ世に来ているのが真相です。

肉体が死んでも、心は絶対に死ぬことができません。要は与えられた今の肉体を、どこまで自分の心が「活かそう」とするのかを、自分で試しに来ています。自分の肉体に飯を食わせ、排泄させ、楽しみも……、これを自分にも他人にもおこなう宿命（掟《おきて》、決まり、ルール）の上で、さらに自分が「何をするのか？」「何ができるのか？」を試しています。

もし、今の自分の現状に心から感謝をすることができますと、その次には「もったいない」「有り難い」という思いが湧きます。せっかくの現状だから、これをもっと「活かそう」「楽しもう」とできます。これを各人の生活という宇宙の中で実践することが、なぜか本当の宇宙にも連動しています。

人間が期間限定で生まれてくる任務とは、本当にすごいことなのです。すべての人間は、すでに神様と同行しています。一人ではないのです。現状の中で、強く生きましょう。

生かして頂いて　ありがとう御座位ます

［強く生きる　二〇一〇年十一月十六日］

# 6　自分に対して強く生きましょう

（前項の感想）
人間は、強く生きようとする時、他人に対して強く生きることだと勘違いするものです。国家でも同じです。でも、それは逆に弱さを意味しています。本人の脆《もろ》さと、弱点があることを意味します。

職場や学校では、他人を傷つけることを言う人が必ずいるものです。でも、その人も家庭では、ストレスを受ける立場の罵倒《ばとう》される人間かも知れません。他人には言えない、大きなストレスを抱える気の毒な人でもあるかも知れません。

小学校の時のイジメっ子は、家庭では気の毒な環境の子どもが多かったです。学校では決して見せない影を家庭では持っていました。仲良くなって家に行って初めて、その子の苦悩を見たものです。絶えず父親から厳しく罵倒されていたり、母親がいなかったりと、ストレスを持つ子どもたちがいました。その子が学校では、ヌクヌクとした良い環境の子どもを罵倒していたのです。

イジメられている人は、その嫌な相手が抱えている満たされない心を静観しましょう。どうしてそんな嫌なことを言いたくなる心境なのか、相手の心の背景を思いやる視点を持てれば、冷静に対応することができます。

霊的には、他人にしたことは、形を変えてでも必ず本人に返るのです。その返るのが、今生なのか死後なのか来生なのか、またどんな形で返るのかがわからないだけなのです。短い視点で判断するとストレスが生じますが、長い視点で物事を見る習慣は大切です。

神様の視点とは、非常に長い視点です。もう気が遠くなるほど永くて大きな視点なので、「沈黙の視点」となります。

逆に悪魔（自我の塊《かたまり》）の視点とは、とても短気で短期なピンポイントな視点です。何かを頼めば、早めに叶えられるということです。祈願すれば効果がある御蔭信仰の背景にいる霊的存在とは、とても短気で恐ろしい存在であるのが実際です。

だから、その交換条件の回収も、時期をおいてから「必ず違う形で」大目に持ち去っていきます。時間をおいてから違う形で回収する理由は、初めの願いが叶えられた実績を残しつつ、また違う祈願を新たにさせたり、別の獲物の人間を集める宣伝のためです。要は、人の寿命や魂を回収していることが、ばれないようにしています。結局は、その人間のトータルの生活では、祈願後は前よりも不幸になっていきます。魔物の知恵は、とても深いのです。

神様の御蔭とは、その魂の死後も考えた最善の幸福を与えてくれています。その代わりに陰に隠れた、非常にわかりにくい御蔭の与え方を常にされています。どんな人間でも生きる限りはすでに、「その人にとっての」最善の福を神様（内在神）から日々与えられています。

もうこの言葉で、お返しの御礼を言うだけで精一杯なのです。

生かして頂いて　ありがとう御座位ます

［自分に対して強く生きましょう　二〇一一年十二月二十七日］

## 7 出すこと＝与えることが改善の秘訣

ここ最近は忙しく動き回っているのですが、つくづく息は吐くことが大切だと感じています。息を吸う時の二倍の長さをかけて息を吐くつもりでいるのが、ちょうど良い感じがします。身体の持久力や、疲れにくさが増す感じです。

生物学者に言わせますと、「酸素＝猛毒」なのが常識だそうです。この点から考えても、息を吐くことの重要性がわかります。

地球上の永い生物の歴史の中で、酸素を吸う生き物が発生したのは、ごく最近のことだとも言えるのです。それまでは酸素を吸わない生物の時代が、非常な長期間にわたり存在しました。

そしてなぜか途中で、太陽光線により酸素を生み出す植物が、突然変異で誕生しました。この時に起こったことは、それまでの生物の大絶滅でした。植物が生み出す酸素により、地球上の大半の生物が死滅させられたのです。その絶滅の深刻さは、後世に発生した恐竜の絶滅をはるかに凌《しの》ぐ規模であり、このために地球は植物だけの王国がとても永い世紀にわたり続きました。

この猛毒の酸素の海とも言える地球上で次に発生した生物は、細胞が酸化されて腐るのを防ぐ体内酵素を持って誕生したのです。要は体内の善玉菌が、酸素の害から私たちを守ってくれているのです。

悩んだり、クヨクヨしたり、怒ったりしますと、体内の善玉菌はすぐに活動を弱めます。そして、酸素の猛毒に肉体が蝕《むしば》まれるのです。この酸化作用が、細胞のガン化や老化を起こします。だから体内の酸素コントロールが、若返りや長寿に影響をするのです。

もちろん空気を吸うことは大切です。酸素は、空気の中に二～三割しかないのです。空気の大半は窒素や二酸化炭素・酸素などの混合物です。酸素だけを過剰に摂取するのが注意なのです。バランスが大切なのです。

ここで思い出して欲しいのは、浦島太郎が玉手箱を開けた時に、白い煙に包まれた後に、一挙に老人へと変身したという昔のおとぎ話がありますね。この「白い煙＝酸素」とも言えるわけです。おとぎ話の中に、地球創世の仕組みと流れも、示唆《しさ》されていると言えます。

体内酸素との格闘は、今も私たちの体内で常に発生しています。健康な人が、標高の低い平地で機械による過剰な高濃度酸素の吸引をすることは、長時間では逆に肺機能の低下を招く危険性もあります。**空気を吸う以上に、吐く息が大切なのです。**

人間の生死を握っているのは、体内の微生物の働き具合です。
体内の善玉菌がもっとも喜ぶのは、感謝の気持ちだと神様は伝えます。
善玉菌が好きな言葉の波動は、

生かして頂いて　ありがとう御座位ます

［出すこと＝与えることが改善の秘訣　二〇一〇年十月十六日］

# 8 価値の切り替えが起こったことを知るだけで得をします

(前項の感想)

「出すこと=与えることが改善の秘訣」とは、呼吸だけの話ではなく、社会生活や運勢の改善にも言えることです。

昭和までの地球の磁場では、何かを得ようと思えば、「引き寄せる思い」「勝ち取る思い」「もらう思い」を持つことが必要な面もありました。しかし、逆転が始まっている今の世界の磁場では、このような思いを強く持つほど、逆に「失くす方向」に向かう時節に入っています。

今の磁場では、自分から気持ちを「配る思い」「他を思いやる気持ち」「自分が与える気持ち」を持つことにより、**逆に多くの何かを与えられます**。

思いや祈りで何かを実現させる・得る・勝ち取ると言う人がいれば、それはもう時代遅れの人です。霊的な時節の変化を感じられていません。

霊性の浄化が進んでいる人間は、そのような思いに違和感を覚え始めています。何かが重く感じるのです。**心は、これから身軽になりたがります。**

だから勉強や資格試験なども、良い点数を取って良い学校に行き、将来は高収入を目指すなどと考えていれば、学力は伸びませんし必ず途中で息切れします。

逆に勉強を「楽しむ」視点が学力を伸ばし、資格を持って社会に「貢献したい」という思いを想起することが、自分自身を勉学に向かわせます。

自分自身を「向かわせる」……。何か他人事《ひとごと》のように聞こえるでしょう。でも、これは霊的な真実です。自分の本心（内在神）は、知っているのです。

間違った自我の欲望が目的ならば、自分の本心からの馬力が出ない時節に入ったのです。だから逆に言えば、この今の時節の法則に自ら乗ればよいのです。

金が欲しければ、他者に貢献する視点から自分の生業《なりわい》・商売を見直せばよいのです。家族関係や人間関係を改善したければ、自分のことは置いておいて、まず家族や他人への「思いやり」を考えてみることです。

人は、思いやりを受ければ、たとえ喧嘩別れしても、その受けた思いやりを必ず後で思い出します。それほど、他者への思い〝やり〟とは、深く心に良い意味で付き刺さるのです。金銭や品物を出すのはすぐに限界が来ますが、心の思いやりは無限に自分から出すことができます。しかも、自分が出せば出すほど、天から何かが与えられる時節が来ています。

今日も良い気持ちを配っていきましょう。

生かして頂いて　ありがとう御座位ます

［価値の切り替えが起こったことを知るだけで得します　二〇一一年十一月二十一日］

# 9 感謝の息吹が改善させます

「このままではダメだからがんばろう〜」と思い努力することは大事ですが、何となく継続するのが難しくて辛いものです。

すぐに成果や結果を出せればよいですが、そんな順調な反映は起こらないものです。すると、先が見えない気分となり、努力する前に思考だけで漏電《ろうでん》することになりがちです。その結果、何もしないでいる状態へと行きがちです。

この問題点は、

1.「このままではダメだから」……そう思う前に、それでも生活できていることへの感謝がないです。**現状否定の上で積み上がる努力は、継続しないものなのです**。努力を積み重ねても、後で崩れる感じがします。

今がどんな現状でも、それでも生かされていることへの感謝をして、そして自分ができる範囲の行動をしましょう。**現状への感謝の基礎を固めた上で行動をしますと、必ず積み**

**上がっていきます。**
とにかく現状への感謝をする磁気が、コノ世では大切なのです。自分の欲しいものに変わって行く原料は、感謝の磁気なのです。この原料が不足していますと、カラ回りをして努力の反映が起こり難いのです。

2．成果や結果のために努力をするのは、辛いものです。長い目で見ますと、効率が逆に良くないのです。それよりも「今日の分を楽しもう」とすることが、結果は良いものになります。このことは、勉強でも人生でも言えることなのです。

長い先のことを心配せずに、今日できることをして、今日を楽しみましょう。そして、今日の終わりに一日の感謝をします。

この連続は、自動的に自分に応じた最善をよこしてくれます。

今朝に思いますことは、これから特に腹式呼吸を日常生活の中で実践することが大切です。これから太陽電磁波の影響により、何となく呼吸困難になる錯覚が人類に起こり始めます。地上が深海《しんかい》（神界）の水の中に入って行くような、霊的な状態となるからです。息苦しさを感じる人が増加するでしょう。これには空気の汚れも、感染症も影響します。

これを防ぐには、ゆっくりとした腹式呼吸が有効なのです。腹の横隔膜《おうかくまく》で息をするような感じです。


空気の吸引は必ず鼻からします。これは、邪霊の吸い込みを防止する意味です。口からの吸引は、ダメです。

鼻は、スサノオ神を象徴する意味があり、鼻からの息の吸引は邪霊を寄せ付けません。鼻毛は、霊的には尖《とが》った剣山を象徴し、霊は嫌がります。

鼻クソや詰まりがあれば、鼻血を出さない程度に上手に掃除をしましょう。指ではなく、丸めた鼻紙をドリルのように鼻穴に入れるのは有効です（この姿を見られますと、コントに近いものがありますから、こっそりしましょう）。

鼻に息が通らない人は、塩水での鼻洗浄を参考に。

腹式呼吸で吸い込んだ息は、ゆっくりと吐き切ります。吸う時の倍ぐらいの量を吐くつもりでします。吐き出す器官は、鼻と口の両方を使えばよいです。

日常生活で仕事をしながら、自然と無意識に小さく腹式呼吸ができるのが理想です。ゆっくりとした長い呼吸は、生命力を高めます。そして寿命も延びます。

死後の世界を左右するスサノオは、「鼻」呼吸、つまり鼻の息吹により寿命に干渉する力があります。これは、息吹長命《いぶきちょうめい》の術です。

とにかく感謝想起しながらの、鼻と腹式の呼吸が大切になります。

生かして頂いて　ありがとう御座位ます

［感謝の息吹が改善させます　二〇一〇年十月三十一日］

# 10 苦しいのも正常な証拠

（前項の感想）

人間とは、必ず終わる人生なのに、あくせくして悩むものです。冷静に考えますと、不思議に思いませんか？

自分が必ず死ぬことを忘れていますと、他人の物を奪い取ったり、他人を傷つけること、色々なことに「執着」をします。しかし、コノ世で何を集めたところで、全部を置いて裸で次の旅路へと全員が進むのです。

人間は、勉強にしても、仕事にしても、「他人を蹴落としてでも〜」「何としてでも」などと力んで挑戦する場合と、目の前の勉強や仕事を淡々と「するしかないよ」と勤《いそ》しむ場合は、どちらが伸びるでしょうか？

その結果は、変わらないと思います。むしろ後者のほうが、伸びると思います。これは長期戦の内容ほど、言えると思います。

飛び抜けて優秀な子どもや学生を見ますと、幼児の時に遊び方の集中力と持続性があります。そして勉強に対しては、「楽しんでいる」のが特徴です。

やはり、同じ期間限定（人生）ならば、今の苦境をも「楽しむ視点」が大切です。これから関西に可能性を感じますが、これは何にでも「お笑いの視点」「笑い飛ばす」という土壌があることが大きいです。発明も、楽しむ視点から生まれることでしょう。

そんな深刻な顔をしていないで、どうせ過ぎて行くならば、〝良心に沿って〟楽しむ視点が大切です。すべてが思い出になるのです。

さらに言えば、楽しむ先に、「感謝の視点」を持てれば最高です。これが悟りです。

感謝の視点とは、対象に対して良い思いを「出し」捧げることになります。これは、神様が宇宙を生み「出し」た秘儀と同じ行為なのです。

感謝の磁気を出す人ほど、神様の転写を受けて同化（カンナガラ：神と共にの心境）が進みます。

これから人類は、肉体重視の身体から、霊体重視の身体へと進化します。この現象の初期には、今の時代の肉体が弱体化を始めるかも知れません。脱皮をして、新しいボディスーツに着替えるような感じです。

私は、今までに亡くなった人々や動物も、生き生きとして今の次元に重なる並行した空間で、生存していることを感じています。ただし、自分が進化して、これらの魂に出会うには、今の肉体で生き切ることが条件なのです。

心が苦しい人は、まだ自分ができることをしていないサインなのです。自分の良心が納得していないサインでもあります。

逆に言えば、「苦しく感じる感覚」とは、進化するための感知センサーが機能している証拠なのです。今の消え行く環境に「執着」して「我良し」であれば、このセンサーも鈍くなって停止していきます。

だから今、心身が苦しい人も大丈夫です。進化のための痛みに過ぎません。自分ができることを淡々と、良心に基づいてしていきましょう。

健康で感謝ができる人は、もう知らずに進化が始まっています。

これからは楽しみな世紀です。

生かして頂いて　ありがとう御座位ます

［苦しいのも正常な証拠です　二〇一一年十二月三日］

# 11 大祓詞《おおはらえのことば》が示唆する健康のヒント

今朝に感じましたことは、神界からの波動を日本語に翻訳した唯一の祝詞《のりと》である大祓詞《おおはらえのことば》の最後のくだりでした。

「〝速川《はやかわ》の瀬《せ》〟に坐《ま》す①**瀬織津比賣**《せおりつひめ》と言ふ神　大海原《おほうなばら》に持ち出《い》でなむ　此《か》く持ち出で〝往《い》なば〟荒潮《あらしほ》の潮の八百道《やほぢ》の八潮道《やしほぢ》の潮の八百曾《やほあひ》に坐す②**速開都比賣**《はやあきつひめ》と言ふ神　持ち〝加加《かか》呑《の》みてむ〟此く加加呑みてば　息吹戸《いぶきど》に坐す③**息吹戸主**《いぶきどぬし》と言ふ神　根圀底圀《ねのくにそこのくに》に息吹〝放ちてむ〟此く息吹放ちてば　根圀底圀に坐す④**速佐須良比賣**《はやさすらひめ》と言ふ神　持ち佐須良ひ失ひてむ　此く佐須良ひ失ひてば　罪と言ふ罪は在《あ》らじと　祓《はら》へ給《たま》ひ清め給ふ」

この四つの神様を祓戸《はらえど》の大神《おおかみ》と言います。この大祓詞の霊的な解釈については、何回も記事に書きましたが、今朝はまた新しい解釈の啓示を受けました。

この四つの工程は、人間の体内における消化活動を表現しており、これを食生活の中で正しく意識すれば、心身共に清浄になる、つまり健康になれる意味があります。

①の女神様は、正常な血流を意味しています。〝速川の瀬〟とは、流れが速い川を表現しますが、これは速い血流、つまり正常な血流を意味しています。

問題は、〝往なば〟です。これ以下から起こるすべての消化工程は、この①の早い血流があることが前提だということなのです。正常な血流がなければ、正しい消化は起こらないのです。①の女神がいて初めて、②の女神が栄養を〝加加呑みてむ〟、つまり飲み込み吸収する作用が起こります。これは、胃や腸などの消化器官の働きを意味します。

そして③は、②の女神が働く時に、正しい呼吸が必要だと示唆《しさ》しています。食事をした後の消化過程において、静かな腹式呼吸をおこなうことが、正しい消化を促進するのです。ここで注意が必要なのは、〝放ちてむ〟。つまり腹式呼吸は、出す息のほうが大切だと神様は教えてくれています。

これらの消化工程を正しく実践すれば、〝はやサスラひめ〟というスサノオ神が、どんな病も無くしてくれると祝詞は示唆しています。

だから、

1．正常な血流がとにかく大前提であること。だから蒸留水などの水分をこまめに摂取すること。適度な軽運動が大切です。

祝詞の中に、〝荒潮の潮〟と明記されていますから、蒸留水を摂取する時に、夏場は海水の粗塩を微量摂取することが大切です。冬場は、塩分は不要です（でも、摂る水分量が多い人は、やはり微量の海塩を摂ることが必要です）。

2．呼吸は、吐く息が大切だと覚えておいてください。吸う時の二倍ぐらいの息を吐くつもりでよいです。

身体とは、内在神を宿すための本当の御神体です。大切にしましょう。

生かして頂いて　ありがとう御座位ます

［健康のヒント　二〇一〇年十一月二十八日］

# 12 体内のガスを出しましょう

今朝に感じましたことは、これから体内の微生物の発酵が活発化しやすいとのことでした。これも太陽電磁波を受ける上で起こる、次世代の肉体への変態《へんたい》（サナギが蝶になるなどの進化）の過程です。

要は肉体に改善するべき点がありますと、悪玉菌も含めて体内の微生物が活性化して作用するのです。その副産物として、オナラやゲップが増えるかも知れません。さらには、体内の炎症と感染症に罹《かか》りやすい時代の到来を感じます（ブログを見てね～）。

この時に大切なことは、

1．我慢せずにできるだけ出すこと。

2．陰で意識的にゲップを定期的に出すように意識すること。この時に腹式呼吸を合わせてすればよいです。

これから2番をしなければ、体内臓器の痛みとして現れるようです。胃痛や心臓の違和感として感じられるのです。

この情報を知らずに、胃ガン？　心臓病かも？　と嫌な心配をする人がこれから増加すると感じます。実は、体内のガスの圧力とは、私たちが想像する以上に強く神経を押すようです。腸から上方へ押し上げるガスの力は、胃を変形させて、心臓周辺をも圧迫させます。これを心臓の痛みや違和感として感じるのです。

腸から下方へとガスの圧力がかかった場合は、子宮や膀胱も押して違和感を生じさせます。何のことはなく、犯人はオナラやゲップの体内ガスなのです。

だから毎日の排便は、とても重要です。数日間出なければ、薬剤を使用してでも出したほうがよいと思います。ただ、違和感があれば自己判断せずに、まず医師に受診をしましょう。

私の便秘対策は、薬剤は癖になるから使用せずに、一日にキーウイフルーツ二個と、ヨーグルトを食べる習慣です。

毎日、長時間の運動や肉体労働をする人は、呼吸と体内循環により体内ガスが自然と抜けていきますが、家内作業やデスクワークの人は意識的にガスを抜く必要が出てきます。

生きている間の肉体は、膨大な数の体内微生物との共存共栄をしているわけです。これから体内のガスなどの排泄を意識しましょう。

生かして頂いて　ありがとう御座位ます

［体内の物を出しましょう　二〇一〇年十月十四日］

# 13 これから意識したことは成る

（前項の感想）

ゲップがよく出る人は、枕を二つほど使用して、上体を高めにして寝るとよいかも知れません。頭の位置が低すぎますと、寝ている間に胃酸が逆流して、胃の上方や食道との接合部が胃酸の影響を受ける可能性があります。

ただ、腰痛や首痛がある人には、枕は低いほうが楽になります。このバランスが難しいですね。

今の私は、枕を二つ重ねて、ヒザ下には円柱形で足を広げた幅位の長さのクッションを入れて寝ています。胃にも腰にも、とても良い感じがしています。このスタイルも、体調に合わせて変化していくことでしょう。

最初に買ったクッションは「長すぎて」失敗でした。ヒザ下にクッションを入れて仰向けに寝ている間はよいのですが、就寝中に横向きになった場合に、ヒザが真横から押される嫌な状態になります。適度な長さのクッションならば、足を動かして外すことが楽にできます。

腰痛の方は、ヒザを立てて仰向けに寝て、ヒザを左右に十センチから三十センチほどゆっくりと振ることも参考にしてみてください。

以上は、あくまでも私がやってみて良かったことですから、自分の身体の状態に合わせて、自分なりに判断してください。無理は不要です。

人間は、歩ける間は歩くことが大切だと感じています。私も日に二回のウォーキングを二十分間ずつ、仕事の合間にしております。

走るよりも歩くことのほうが、手足の振りを意識できてよいです。四本の手足の振り子は、体内の中心軸を調整できると感じています。腰痛予防にもなります。

ただ歩くのではなく、「さあ、身体のゆがみを取るんだよ～」と自分自身に言い聞かせる意識を持ちます。やはり、意識しないことには、効果も半減することが何事（人間関係・仕事・家庭問題……）にも言えると感じます。

良い志《こころざし》や良い夢を持つことは、人間にはとても大切なのです。

生かして頂いて　ありがとう御座位ます

［これから意識したことは成る　二〇一一年十一月十七日］

# 14 性別を超えた人

老人介護の報道をテレビで見ました。取材された家庭は、八十歳を超える方が一人で、認知症で動けない高齢の女性の面倒を見られていました。

介護をしている老人は、女性の世話をしていて背骨を疲労骨折されていました。だから上半身だけが、不自然なほど折れ曲がっていました。

普通ならば、その人自身が入院、もしくは介護をされていても当然な感じに見えました。しかし、その老人は料理を自分で作り、一口ずつ女性の口に運んでおられました。老人が老人を介護する老老介護の典型でした。いや、怪我をしている老人が、認知症の老人の世話をするという深刻な介護でした。

介護をする老人は、女性が叫ぶ意味不明な言葉にも、優しく丁寧に一つひとつ返答されていました。

その様子を見ていて、私には介護をする人の性別がわかりませんでした。どうしても性別を超えた観音様に見えたのでした。薄く輝く金色の霊体にしか見えなかったのです。テレビを一緒に見ていた家族にその方の性別を聞きましても、意見が分かれました。まさに生きながらにして、人間が中性に向かう見本のような御方でした。その心境に至る過程は、どのような宗教的な修行も敵《かな》わないでしょう。

これの逆に、もし間違った信仰をすれば、蛇のような生々しい黒い光しか出せません。その性別が、ますます嫌らしく強調されるものです。

人間は、どんな道を選択しても、その中で懸命に自分の良心を発露させることができれば、神様の元へと至るのです。

介護をする老人は、施設に認知症の女性を簡単に預けることを不憫《ふびん》に思い、自分ができる最大を尽くして死んで行く「覚悟」をしていると感じました。テレビを見ていましても、決して暗さを感じさせませんでした。高齢であることも含めて、すでに「性」老病死の苦悩を超えた心境を拝見させて頂きました。

地球上での人間は、生まれ出る環境は全員がバラバラであり、不公平感を思わせるかも知れませんが、霊的な意味では真に完全なる平等なのです。神様のなさる神技《かみわざ》には、間違いはありません。

自分の行為と思いの反映を、時間と人生を挟んだ後に受け取っているだけなのです。だから、生きている間は、絶対にあきらめてはいけません。正しく生きればいつか、正しく「それ」を自分が受け取ります。

生きている短い間ぐらいは、縁ある多くの先祖を始めとする霊を慰め、縁ある生きる人をできる範囲で助けたいものです。いつか、自分自身が助けられ、癒やされます。

人間が死ぬということは、生まれ出た国も人種も生活も超えた、完全に平等な区切りなのです。この区切りを明るく超えて行くには、この言葉で普段から「生きる」ことです。

それが、

生かして頂いて　ありがとう御座位ます

［性別を超えた人　二〇一〇年十一月二十日］

## 15 介護を通して見神できます

（前項の感想）
介護をおこなう人には、行動力・愛情力・忍耐力という総合的な人間力が必要です。だから仕事であれ身内であれ、介護をおこなっている人は、最高の修行をしています。ただし、イヤイヤしていればダメです。

人への介護を真剣に良心に沿っておこなっていけば、それはどんな宗教的な修行にも勝《まさ》ります。実際に昭和時代には、介護職の経験を持つ教祖や霊能力者は多かったのです。

介護をすることを通じて、愛情力や慈悲の意識が高まりますと、観音力《かんのんりき》とも呼べる霊的磁気が体内で高まります。自分が意識をしなくても、心におられる内在神から授かるのです。人が人を介護する、助けるとは、その人の内在神をも助ける尊い行為なのです。

つまり、自分の内在神を発露させるには、介護はとても良い求道の方法に成り得ます。

近年では動物セラピーと言いまして、病人に動物を触らせますと、その患者の脈拍や脳波が安定することが言われています。私としては、患者の免疫力低下を考慮すれば、動物との接触はお勧めできませんが、人間との接触は非常に大切です。何よりの薬かも知れません。

さらに考えますと、もしウツ病の人間が他人への介護をすることができれば、ウツの進行が止まるか改善する人も、中にはおられると想像します。植物や動物を育てることが、ウツ病には有効なのと同じ道理です。

だから、最初は植物から始めて、それが継続できれば小動物→人間へとお世話をすることが良いかも知れません。自分のウツ病を抑えて、給与も得られる可能性を持ちます。

**霊的には、他人を介護する人間は、自分自身を救っていることになるのが真理です。**

家族を介護する人は、見えない陰では金運や健康運、災難の昇華……など色々なことで助けられているのが実際です。

有名なマザー・テレサも、他人への介護を通して自分の過去生の因果を昇華させ、今生で見神《けんしん》（神様を見る。神様を自覚）するに至っています。逆に言えば、彼女が見神するには、多くの病人たちへの介護が必要だったとも言えるのです。

コノ世には一切のムダがありません。

ましてや自分がした行為は、善も悪も含めてすべてが「生きている」のです。他人が見ていても、いなくても関係ないのです。すべてを自分の心の内在神（良心・良神）が観ています。

これは、完全に公平なことなのです。

生かして頂いて　ありがとう御座位ます

［介護を通して見神できます　二〇一一年十二月三十日］

# 16 思いやりが幸運を呼ぶ

同じ料理を仲間で食べましても、料理に関する反応は様々で、料理については無言の人もいます。料理よりも仲間との会話に夢中になっているように見えます。

ただ、その人たちの中には、料理を作った人の努力や、素材の提供者の苦労を、心中で思いながら食べている人もいるかも知れません。同じ食卓を囲む人間でも、心中で思っていることは違います。

1. 料理を食べているけれど、会話がメインの人。
2. 料理ができる背景への感謝を思いやりながら、会話も楽しむ人。
3. 会話はせずに、料理を黙々と食べるだけの人。

この中では、2番がバランスが取れていて理想ではあります。

これを料理ではなく、仕事に置き換えて考えることもできます。2番のような人は、仕事もできるものです。目の前の仕事をしながら、その背景全体も常に「思いやる視点」を持ちますから、事前の対策や色々な隠れた問題にも早めに気がつけるものです。

一般的に多いのは、1番のタイプの人です。**仕事をしながら、必ず心中で別のことを考えて気が散るタイプの人間です**。目の前の最初にすべき仕事以外に、必ず別件を自《みずか》ら意識してしまうのです。そして当然の結果として、目の前の仕事への配慮が薄いので、良い結果は得られないものです。また、別件についても、妄想で終わってしまいます。

結局、何も得ることがない人です。

コノ世では、目の前のことに集中し、その後ろに隠れていて見えないことにも、思いやる視点を持つことが大切です。

**隠れているから見えない、見る必要がないではなくて、気持ちだけでも見ようとする思いやりが重要なのです**。思いやりを持つことを意識するだけでも、幸運に向けて歩き出すことになります。

また、試験勉強でも同じです。記述式の問題を見て、問題だけを見ずに、出題者が「望んでいる回答」が見えだしますと強いものです。

コノ世は、見えないことへも愛情からの思いやりの配慮ができれば、お得な反射を受けられる法則の次元でもあります。

自分が生きていれば、先祖へも自然と感謝をしたくなれる人は、お得（徳）な人です。

コノ世から消えた人は、もう関係がないではいけません。お得（徳）なことを、失くします。

何事にも、思いやりの視点を持ちましょう。

生かして頂いて　ありがとう御座位ます

［思いやり＝幸運を呼びます　二〇一〇年十一月六日］

# 17 他者のためにも生きる視点

（前項の感想）

人間とは、自分のことだけを考えていますと、運気が落ちて頭を打つようにできています。この理由は、自分の魂が生まれ出る時点で、両親を始めとして多くの見えない存在（先祖霊や内在神）からの助けで生まれているからです。

他の存在からの助けで成立した人間は、生まれながらに全員が、他者のために〝も〟生きる宿命を背負っているのです。もちろん、内在神を宿す自分のために〝も〟生きるべきですが、それと同等に他者のためにも生きているのです。

他者のためにも生きる視点のバランスを欠きますと、自分の心が苦しくなるような初期設定が人類にはあります。

だから今、生きるのが苦しい人は、自分のことや将来のことを考えずに、自分に縁ある周りの人間に対して、自分ができることを「考えるだけでも」、自分の心の苦しさは融け始めます。思うだけならば、タダでいくらでもできます。これだけでも、自分のことで悩むよりも良いことです。

もし、自分ができる他者への行動を実践すれば、それは非常に良いことです。時間限定（人生）の中で、私たちは他者への行動ができるのかを試しにコノ世に来ています。

自分の死後は、自分が現世で他者にした行為の反射を受け取ります。非常にシンプルで単純なことなのです。

だから、もし自分がイジメられていても大丈夫です。

**イジメている人は、未来の自分自身をイジメているのです。**

生きている間にその反射を、その人間が体験して相殺《そうさい》ができれば幸いですが、死後に持ち越すのは大変です。肉体を亡くした死後ですから、イメージの世界の反射刺激は倍化するのです。肉体を有する間は、これでも心は鈍感なのです。

自分が生きている間に、この法則を素直に信じられたならば大丈夫です。

しかし、自分には取り返しのつかない過去があると人は思うものです。でも、生きる間に反省が始まれば、すぐに相殺が始まります。もし他者への良い行動ができれば、罪の相殺がされていきます。その当事者間での償《つぐな》いができなくても、他の人に対してでも良いのです。

すべては、各人の心におられます内在神が観ています。本人が認識したこと、知らないこと、他者のこと、すべてを完璧《かんぺき》に記録しています。このような完全なる神様を宿すから、人間は誕生できるのです。

まずは、自分が生まれた奇跡を信じましょう。

生かして頂いて　ありがとう御座位ます

［すべては自分の心（神）との対話です　二〇一一年十二月九日］

# 18 楽して儲けることよりも、正しく生き続けることが大事

いつの時代にも、投資や賭け事により身を滅ぼす人がいます。

製造業では、海外から原料を輸入することが業務の大切な一部です。ドル円の相場により、会社の利益が大きく左右されます。産地の関係により、ユーロではなくて、いまだにドル建てによる決済が主流です。為替の先行きが読めない時は、あえて日本の商社を迂回《うかい》させて、円建てによる仕入れもおこないます。原料の仕入れが会社の売り上げにも影響しますので、仕入れる時期と為替相場のタイミングが、会社全体の利益を左右させます。

私は過去に、会社の仕入れと決済時期を決める責任者をしていました。最終的な判断は経営者に金額の報告をしますが、形式だけであり、ほとんど現場の社員の判断に任されていました。国内の景気と商品相場が一致して、会社の本業の利益に加えて、大きな為替差益を誘導したことが何度もあります。

会社の原料仕入れとなりますと大きな金額が動きますので、為替相場や投資動向についても長年にわたり業務として研究をしました。今は一般に知られるようになった為替ＦＸ

についても、為替手数料が銀行よりも安いので、まだ一社しかＦＸ会社がなかった時代から知っています。金融法改正により民間会社に為替の扱いを許した時代です。

業務で大きな金額の仕入れを経験してから、直感により私は個人での投資をやめました。どの投資も、すべてが欠陥だらけだからです。長く投資を続ければ、いつか必ず負けることでしょう。

特に株式投資などは、完全な欠陥投資です。上がることでしか利益が出せないとは、高度成長期が終わった時代には、有り得ない投資です。信用取引で株価が下がるほうにも賭けられますが、非常にリスキーで、これこそ相場の餌食にされます。

この点はＦＸなどはクリアされていますが、為替には根本的な問題があります。国家の政策の影響をモロに受けます。

以前、アメリカがドルの金本位制撤回を表明した時、為替相場が一週間ほど異常な大変動を起こしました。この時に決済期限が来ていた為替を抱えていた会社は、大変な損害を実際に受けています。

このような通貨制度の変動が起こった時、ＦＸなどは深刻です。大損しても元金が残金二十パーセントを残して自動決済されて保全されるというのは幻想です。必ず異常な為替レートの「瞬間飛び」が発生して、元本どころか巨額なマイナス請求が起こる可能性がありますし、投資取次会社の保全には保険があるとされていますが、これも現実の混乱時にはわかりません。

要は、投資専業で生活をするのは、無理なのです。人間の心理面から見ても無理です。何万人に一人の成功者だけが強調されるのは、落とし穴です。一時的に成功している人も、それも**途中の姿**に過ぎないのです。最終的には、一文無しになるでしょう。伝説の投資家はいますが、それは成功した状態で投資を「やめられた人」か、その人の晩年の状況が知られていないだけです。

成功した時にそこでやめることが、凡人にはできないのです。もっともっとと欲が出て、負けるまでするものです。大きく儲けたところでピタリとやめることができた人は、それはある意味で、やはり天才です。

投資で失敗、または会社の倒産などで窮地にいる人が多いですが、これで自殺などしては絶対にいけません。自殺をすれば、その悩んだ苦しい状態で凍結されて解放されません。肉体は死んでも、心は死ねないのです。心は永遠に生き続けます。

自殺者を救うのは、縁者からの感謝の供養だけです。愛情が、霊体の縛りを解きます。

コノ世にいるのは短い期間ですから、貧乏になっても心が感謝に満ちていれば、それは人生の勝利者なのです。その死後は、安心した心が引き付けられる世界へと行きます。醜態をさらしてもよいですから、明るく最後まで生き切りましょう。

コノ世で借りた金銭を返せなければ、せめて感謝の気持ちを「生きる限り」相手に返し続けることが大切です。

大きな借金があることが、逆に生き続けなければならない理由となります。自殺をして人生を途中放棄してはダメです。また、自己破産も、生きるために法的に認められた選択肢であります。

とにかく生き続けましょう。

生かして頂いて　ありがとう御座位ます

［楽して儲けることよりも、正しく生き続けることが大事　二〇一〇年十一月二十二日］

## 19 すべては自分のためだった

自《みずか》ら命を絶った家族や知人のことを思い、悔やみ続ける人は多いです。故人の孤独や苦しみを理解できなかった自分を不甲斐なく思い、何か自分にできることがあったのではないか？　と何十年経っても思い出しては悔やむ人がおられます。

十年、二十年……と生きる限り定期的に思い返す人間の気持ちの磁気量とは、大変なものです。人類には、他人の死が気になる本能があるのです。猿人の化石を見ましても、埋葬の習慣が発見されてもいます。それほど古くからある本能なのです。

やはり、内在神という共通した一つなる神性を人類は共有するために、心の奥では他人の生死に対して特別な感情を持ちます。内在神の発露の具合は、各人で違いの段階がありますが、心の奥に潜れば一つなる神性に行き着きます。

意識表面の自我（ワレヨシの気持ち）では相克《そうこく》（対立して争うこと）をしていましても、本当の心の深奥では誰もが「全体責任」を感じているのです。だから気になるのです。

自我＝個人主義。
真我《しんが》・内在神・良心＝全体主義、なのです。

自我は、時間と共にいずれ消えて行きます。死後の四十九日間のバルドォ期間で解体されます。

自我が消え去った時、人生という期限付きの短い期間が、特別な恩寵《おんちょう》（神様からのプレゼント）だったことを思い知ります。人生の苦労や嫌なことが、貴重な意味のある「自分のためのイベント」だったことを思い知ります。この時、申し訳なさと感謝の気持ちに故人は包まれます。

まあとにかく、どんな形でも良いですから、最後まで生き切ろうとしましょう。
その姿勢で生きたならば、大往生は間違いありません。絶対にです。

生かして頂いて　ありがとう御座位ます

［すべては自分のためだった　二〇一〇年十一月二十三日］

# 20 最期まで生きようとした姿は尊い

（前項の感想）

最近のニュースでは、寒い北海道に住む四十代の姉妹が、マンションの自室で死亡しているのが発見されました。

姉妹のご両親は、昔に亡くなっておられ、姉が知的障がいのある妹を世話されていました。この頼みの綱である姉が、急性の脳内血腫のために先に亡くなられたのです。その後、期間を置いてから、妹さんは飢えと寒さにより凍死されました。遺体が発見された時、室内に食べ物はなく、冷蔵庫の中も空でした。

姉は二年前に体調不良のため失業し、収入は妹の障害者年金だけでした。生前に姉は生活保護を受けたいと思い、何度も区役所へ出向きましたが、具体的な手続きに至らないまま時が過ぎたようです。そうこうする間に、料金滞納からガスが止められてしまい、ガスストーブが使えなくなりました。暖房のない極寒の部屋は、とても危険です。

姉の死後に、妹が助けを求めようとして、姉の携帯から何度も一一一番に電話していた履歴が残されていました。本当は一一〇番か一一九番に電話をしたかったのでしょう。でも最後の番号が違っていたのです。何とも言えない悲しさを、これに感じます。

このニュースは一度しか見ていませんが、私は今でもたまに思い出して姉妹の御冥福を思っています。やはり気になるのです。

なぜ気になるのでしょうか。それは、姉妹が最期まで生き切ろうとしたからです。

**やはり最期まで、けなげに生きようとした人間の死とは、とても崇高なのです。**胸を打つものがあります。姉妹の内在神への敬意を感じさせます。姉妹が生きようとしたことは、最期まで内在神を大切にしたことになるのです。最期まで守られた姉妹の内在神は、その任務として姉妹を良い世界へと導いています。

肉体を脱いで障がいの縛りが解けた妹さんは、

「私、間違って一一一番に何回も電話していたんだよ〜」

と、姉と笑って話しているように私には感じます。

どんな形であれ、「自分の良心に基づいて」**最期まで生きようとすれば**、それでその人間は救われるのです。人生の結果などは関係ありません。

すべてを見て知っている、母なる内在神（良心）が必ず祝福してくれます。

「よくがんばったね、お帰りなさい」と。
生かして頂いて　ありがとう御座位ます

[生きようとした姿は尊い　二〇一二年一月二十七日]

## 21 悩む前に動く!!

人間が一番不安な状態になるのは、自分がするべき行動・できる行動をせずに、自我（我良し《われよし》）の思考におちいっている時です。何もせずに、ただ疲れ果ててしまうものです。いくら寝ても、モヤモヤ感や疲れも取れません。

実際に、このような時の自分の霊体が持つ、生命磁気の漏電《ろうでん》とはすごいものです。良い磁気が枯渇しますので、さらに運気が下がる悪循環が始まります。

こういう時は、その逆をすればよいのです。

1. 目の前のできることをしましょう。何もすることがなければ、掃除が一番良いです。

禅の本質は、作務《さむ》（作業をすること）にあります。瞑想などは、余暇の休息に過ぎません。ここに世間の認識の間違いがあります。作務が禅の本質です。掃除・洗濯・料理・食材の確保……このような作務の作業の中で、見性《けんしょう》（自分の心に神仏が内在することを知る）を重ねていくのです。

だから皆さんも、自分の現状生活の中で見性体験をする気持ちで生活をすれば、それは禅を実践していることになります。作業する自分を観察していくのです。これは思考だけでは理解ができません。作務をするしかありません。

2．作業しながら自分を観察するなんて難しくてわからない！　と思われることでしょう。またどうしても、作業以外の余計な心配事や物事が浮かんで来るものです。このような時には、**肉体に作業をさせながら、心にも作業をさせるのです**。それには、「生かして頂いて　ありがとう御座位ます」と心中で繰り返しながら作業をすればよいのです。

「生かして頂いて　ありがとう御座位ます」とは、健康な日常でも生死を意識することです。なんと大げさなと、思われることでしょう。しかし、**人間の苦悩や悩みは、自分が明日にも死ぬことを、忘れているから生じるのです**。まだまだ自分が長く生きることをアタリマエだと思うから、先々を想像して苦悩するのです。でもそれは、幻想です。

健康な間から生死を意識して物事をながめますと、嫌なこだわりや執着が消えて行きます。また、**少しでも物事を楽しもうとする気持ちが湧いてきます**。さらには他人から嫌なことをされても、冷静に見られますし、相手を気の毒にさえ思えるようにもなれます。
そして、日常の生活の中の何気ない有り難さに気づくことができます。
この時に、霊的には見性体験をしています。

3．もし、前記のこともできない時は、**自分だけのことを考えないようにすればよいです。**
わざと自分以外の家族や他人のことを考えてあげるのです。他人への思いやりの思考から出される磁気は、結局は後で自分自身を助けることにつながります。

すべては必ず変化して行きます。だから、絶対に大丈夫なのです。
あなたの心だけは、神様と共に永遠に存在します。
なぜなら、それしか「実在」していないからです。

生かして頂いて　ありがとう御座位ます

［悩む前に動きましょう　二〇一〇年十月二十二日］

# 22 内在神からのお出迎え

（前項の感想）

故スティーブ・ジョブズは毎朝、鏡の前で、

「私は、今日が人生最後の日だとしても、**それを**本当にしたいのか？　それで、いいのか？」

と、自分自身に対して毎日問いかけたといいます。

もし「NO」ならば、しない。

もし「YES」ならば、今日が最後だと思い、燃えるようにそれに打ち込んだそうです。

このようにして、毎日の人生を燃焼した彼の臨終の様相は、まさに、まぶしい光（神）をリアルに見ているかのように

「おお、おお、なんていうことだ。ああ、素晴らしすぎる……」

と発言したと聞こえてきます。日本で言うところの阿弥陀如来の御来光《ごらいこう》のお出迎えを、彼は大いなる存在（内在神）から受けたのです。

要は、自分のことは、自分の心に「住む」内在神が、すべて何もかもを観て知っているのです。あんなことも、こんなことも。言い訳も、主張も不要です。

**自分の良心に忠実に生き切れば、すべての人類は個別の信仰を抜きにして、自分の良心（内在神）により必ず救われるのです。**

よく人は、「どうすれば、安心の心境になれるのか？」を教えて欲しい、わからないから説明して欲しいと言います。

理屈や頭の理解では、安心の心境は得られません。知ろうとする時点で、すでに理論が先に出た心境なので、安心から離れる方向に向いてしまっています。自分が安心できる方向へと、考える前に、無心で動き続けることが安心に至る道です。

コノ世は、そういうカテゴリー（種類、特質）の次元なのです。嫌なことを努力するのは大変です。だからこそ、時間限定でもあるのです。百メートル競走では、選手は全力で走ります。永遠に走る必要がないことを知っているからです。

皆さんも全員が、産土神《うぶすながみ》（内在神）に対して、生まれる前に「思いっ切りがんばりますから、生まれさせてください」と志願をされたのです。自分が背負う負のハンディも、自ら選択して、「これぐらい、こなして見せます！」と約束しているのです。

しかし、記憶をなくして素の状態で生まれ出ますと、他人と比較しては「何だこれは。なぜ、私だけが……」と悩むのです。

だから、人が安心の心境になるためには、

「自分の良心（内在神）に忠実であれ」

「自分ができることを、精一杯すること」

「自分のすべてに自業自得の因果の意味があり、それは昇華のためにムダではないこと」

と、神示は示します。これしかないのです。これを素直に受け入れて、コノ世を生き切れば、全員が「おお、ああ、素晴らしい！」と内在する神からのお出迎えを受けます。


人間が、この糞袋《くそぶくろ》（一休さんは、肉体は糞を包んだ袋に過ぎず、心が神聖だと表現しました）を脱ぐことは、全員が確定している真理です。糞袋同士の恋愛も、執着すれば必ず飽きます。

これを忘れてはいけません。これは、神様からの恩寵《おんちょう》（プレゼント）だと、逆に思います。

だから、嬉しいことは、稀有《けう》な有り難いことだとして、思いっ切り感謝して楽しみましょう。嫌なことや苦しいことも、「時間限定」の体験に過ぎないのです。すべてが思い出になります。

今日も、思いっ切り生きましょう。

生かして頂いて　ありがとう御座位ます

[内在神からの御出迎え　二〇一一年十一月二十五日]

# 23 ダメで悪いか〜

人間には色々な状態の人がいます。病院のベッドから出られない人、失業中で不安な中を職探しをする人、忙しく働いている人、大成功して隠居暮らしをする人、などなど様々です。

よく自分はダメな人間だと、思い込んでいる人がいます。何がダメなのでしょうか？

そのダメだと思い込んでいる原因の大半は、他人との比較なのです。

また、**自分がダメだと思う人は、「今の自分が嫌いな人」でもあります**。これが本当にダメなことなのです。

自分のことが嫌いだということは、先祖霊と内在神をも霊的に否定することになります。

これでは、幸運も逃げます。

先祖霊が一番悲しむのは、生きる子孫が「生まれなければ良かった」「この身体が嫌いだ」「こんな家に生まれたくなかった」「死にたい」などと思うことです。これは、懸命に生きて、子孫に命をつないだ先祖霊にとっては、本当に悲しいことなのです。

私たちには、自分の知らない立派に生きた先祖が誰にもおられます。自分が知っている嫌いな先祖のせいで、**すべての先祖を否定してはいけません。**

アノ世に帰りますと、コノ世に誕生して生きることの稀有《けう》（滅多《めった》にないこと）な奇跡（軌跡）を誰もが認識します。その時すべての魂が、なんとモッタイない気持ちで現実界を生きていたのかと後悔します。

私は、どんなに社会的に成功している人物を見ても、うらやましいと思ったことがありません。しかし、その人物が先祖霊への感謝、現状への感謝、内在神を認識していれば、立派な人だと尊敬をします。

また、成功している人や幸運な人は、自分自身のことが好きな人が大半です。自分自身（自神）を大切にできる人は、他人も大切にできます。

逆にどんなに成功していても、感謝の心がない人は、本当に心から気の毒だと思います。その死後の執着を予想できるからです。とても苦しむことになります。成功したことが、かえって後で苦しむ大きなハンディとなります。

また、このような成功者は、自分のことが好きでも、それは自分だけを大切にする我良《われよ》しの間違った自己愛なのです。

今がどんなにダメな現状でも、本当にダメな人間など一切いません。

病院から出られなくても、「その中でも」生かされていることに感謝ができる人は、立派な人です。折れそうな心でも、何とか仕事を見つけて働き、その苦しい中でも現状への感謝を思える人は、すごい人です。本当の意味での正しい修行者です。衣食住を提供されて瞑想だけをする愚かな怠け者とは、大違いです。

**今がどんな現状でも**、その中で「こそ」、この言葉を思える人は本当に幸いなる人です。

生かして頂いて　ありがとう御座位ます

［ダメで悪いか～　二〇一〇年十月二十九日］

# 24 役割に成り切れば悟ります

（前項の感想）

自分のことが嫌いな間は、自分に内在する神性（内在神）を信じられないですし、先祖のことも嫌いなものです。自分のような人間に、本当に神様が内在するならば、こんなダメな人間ではないはずだと思うのでしょうか？

でも、自分でダメだと思っている内容とは、それはコノ世だけで消える内容なのです。金銭・能力・健康・容姿……どれも他人と比較して、自分の消え行く自我（我良しの心）が感じていることに過ぎません。

命を生み出す神性には、コノ世で消える他人との比較内容などは関係ないのです。全員が、神様の子どもだからです。個人に対してエコヒイキなどはできません。むしろ個人にエコヒイキな加担をするよりも、自分はダメだと悲しむ人の中で、その悲しみも共に体験しているのが正神なのです。

しかし社会では、他人との比較で自分をより良くすることが、良いことだと錯覚し、神様への信仰もしています。合格しますように（落ちる他人がいます）、儲かりますように（他人から金を集めます）……などなどの祈願に正神は加担しませんし、そんな利己的な思いや、個人欲からは神様は離れます。

しかし、あの人は恵まれている、あの人には神様が付いているとしか思えない、などと他人をうらやみ、人は思うものです。でも社会で活躍される方には、神様が付いているのではなくて、**今はその役を演じさせられているだけなのが霊的真相です**。

だから活躍する人間の交代、栄枯盛衰はいつでも起こるのが常です。神様が応援するのは、成功することではなくて、その役割の任務に対してなのです。個人への応援ではありません。その活躍する人物が個人利欲に走れば、神様はその役職を解かれるものです。

要は、家庭の主婦ならば、その役割を演じ切る真摯《しんし》な思いを持つこと。会社員ならば、自分の任務に徹し切ること。経営者ならば、自分の役割を果たし切り、奉仕の精神を持つこと。浪人中ならば、勉強する人に成り切ること。

今の自分の役を演じ切ることをすれば、内在する神様が応援します。神様がその役を、その人と共に体験して成り切ることになるのです。

だから誰でも、自分の役割を懸命に努め、成り切れば、悟り（神人合一《しんじんごういつ》）に至るのです。ロシアの神秘家グルジェフも、悟った人間の目撃談として、銃口を構えて数時間も微動だにしない猟師の逸話を紹介しています。一つのことに集中を重ねることで、その人間は時間の縛りを解かれるのです（『森羅万象 6』第二章「どんな環境でも覚醒へ至る道はある」参照）。

迷い悩む人間は、**よそ見ばかりして**、目の前の仕事をしないのが特徴です。そして、目の前の仕事さえも失う事態へと自分で進んでいるのです。神様も霊も関係のないことなのです。自分で墓穴を掘っているだけです。

自分の現状の中で、できることを精一杯しましょう。それに成り切れば、内在する神様が発露を始めます。

生かして頂いて　ありがとう御座位ます

［自分の出来ることに成り切れば悟ります　二〇一一年十二月一日］

## 25 半日の世界だけで生きるな！

コノ世の短い人生では、どんな悲しみや苦しみもムダではありません。悲しみや苦しみがあるから、喜びや嬉しいことも、なお一層に輝くのです。

悲しみや苦しみがなければ、アタリマエにして見逃すことが増えます。そして、他人からの恩恵や愛情、見えない存在の御蔭にも気づくことができません。

これは本人の魂にとっては、本当に不幸なことなのです。もっと気づくべきだったと、アノ世で後悔します。

アノ世では、コノ世でした自分の行為の反射を受けることになります。だから、コノ世で自分がすることには、一切のムダがありません。どんな小さな行為も生きています。

だから、今が苦しくて悲しくても、絶対に大丈夫です。小さな思いやりに気づき、感謝する視点を持ちましょう。

感謝が無理にできなくてもよいですから、感謝をする視点が大切なことを知っていれば大丈夫です。さらに感謝の言葉を思えれば、大成功です。魂の勝利者になります。

どんな不幸な人でも、現状の感謝すべき点に気づければ、必ず改善が始まります。**生きているだけでも有り難いことだと気づければ、コノ世には不幸な人はいません。**すべて、生かされた上でのことです。

他人と比較をするから、自分が不幸だと勘違いをするのです。**他人と比較をする視点が正しくないのです。**

その他人のすべてを知らないのに、幸福そうに見える一面だけをとらえて比較をしてしまうのです。その幸せそうな人にも、悩みや不満が必ずあります。幸福そうに見られている本人も、他人を見て自分は不幸だと思っています。

もう、自分が不幸だと思うのはやめましょう。安心すればよいです。

コノ世は、アノ世と合わせて一体の世界です。一日は、昼(見える世界)と夜(見えない世界)を合わせて、初めて一日なのです。半日ではないのです。

だから丸一日で見れば、理不尽も不公平も、差別も逃げ得も、一切有り得ません。必ず厳格な帳尻バランスが徹底的に、コノ世とアノ世を「通して」取られます。
自分の良心（内在神）と先祖を信じて生きれば、必ず良い状態に向かい始めます。だから、
短いコノ世は、どんなことも楽しみ、不幸さえも笑い飛ばしましょう。
コノ世のすべては、この言葉に帰結します。それは、

生かして頂いて　ありがとう御座位ます

［半日の世界だけで生きるな！　二〇一〇年十月二十一日］

# 26 一生懸命に生きていればこそ、導かれる

（前項の感想）

ドキュメンタリー番組で見た話です。貧しい外国の漁村に住む幼い少女が、唯一の照明であるランプに油を注入する時に発火し、上半身に大火傷《おおやけど》を負いました。火傷は重傷で、顔の下あごの皮膚と胸の皮膚が全面的に溶けて癒着《ゆちゃく》し、両脇の皮膚も癒着して、腕先しか動かせない状態でした。

気の毒なのは少女の顔が、油を注入するために前に屈んだ状態で固定されていることです。顔全面の皮膚が下方に強く引かれた状態で癒着し固定されていますので、下唇《したくちびる》が胸に癒着して大きく開いた状態のままであり、まぶたも下方に強く引かれた状態で閉じることができませんでした。目が乾く激痛と、開いた口からヨダレが流れ続ける状態で、貧しさゆえに一度も受診することなく、一年以上もこらえ続けました。

たまたま町に来た外国の医療団の目に留まりましたが、火傷から年数が経過していることと、あまりにも酷い癒着のために何もしてもらえませんでした。しかし、その中のスタ

ッフの一人が、少女を動画で撮影して、援助をネット上で呼びかけました。最終的にはアメリカの名医とボランティア団体からの寄付と援助により、少女は一年がかりの大手術で皮膚の癒着から解放されました。

この流れを見ていまして、先祖霊と精霊の関与を感じ、番組を見ている私も救われた気持ちになりました。少女と家族がけなげに「一生懸命に生きていればこそ」、導かれたのだと感じます。

今の日本では、自分が懸命に生きていないのに、何かを「待つ」だけの状態の人間が増えていると感じます。これは、今までの間違った御蔭信仰の弊害《へいがい》だと思います。

コノ世では、「人事を尽くして天命を待つ」(自分のできることをしながら、後は流れに任せること)という態度が、最善であり必要なのです。

人間はコノ世に、自分の良心(内在神)と向き合い、自分の良心と一つになれるかを試しに来ています。魂が死後に、内在神と分離するのか、神人合一《しんじんごういつ》して魂が内在神と同じ神格を「帯びる」のか、に期間限定(コノ世の人生)で全員が挑戦しているのです。

だから他人がサボろうが、ズルしようが、それは本人が自分で裁くことになるだけなのです。コノ世は、自分と良心（内在神）が一対一で葛藤する世界なのが真相であり、他人は刺激を自分に与える役割を演じて〝くれて〟いるだけなのです。ただ、あまりにも鬼気迫る役者ぶりをしてくれます（苦笑）。

生きているうちから、自分の良心を見つめる練習（信仰）をする人は、死後も迷いません。自分の良心（内在神）が導くからです。

だから安心して、自分の心を大切にして生きましょう。

生かして頂いて　ありがとう御座位ます

［自分に内在する神仏が導きます　二〇一一年十一月二十四日］

# 第三章

# 真実は、誰もがすでに、創造神と一体です

# 1 自分自「神」が救います

人間の人生は、自分の心の良心（＝内在神）への信心《しんじん》（信じる心、信仰心）で大きく変わります。

自分以外のもの（宗教指導者、組織、人工の品物、お守り……など）を信じている人は、本当の正しい信心がないのです。**それは自分を信じられない気の毒な人です。**逆に、形式的な信仰心がなくても、自分を信じて行動できる人は、ある意味では信仰をしているとも言えます。求道者です。

ただ、我良《われよ》しな自分（自我）を信じるのではなく、自分に内在する良心（＝神）を意識して行動ができれば、真の求道者であり信仰者でもあるのです。

世の中で成功する人は、たとえ無信仰者でも、良い意味で自分を信じることができている人なのです。しかし、はたして自分の考えや行動は正しいのか？　と、内省と反省を生きる限りすることが、人間には必要なのです。これの有る無しが、その人の成功の「長さ」を左右させます。一瞬の成功は誰でも簡単なのですが、**成功の「継続」は難しいのです。**

だから、自分自身を信じた先において、「無言の」先祖や神仏に対して日々の感謝をする行為が継続できるか、ということが次のカギとなります。感謝をする行為の対象は、無言で、見えなくて、効果を期待しないほど良い対象なのです。

意外ですか？　要は、最高神は生きる人間に宿っているのです。神様は死んだモノには、宿ることができない法則があるのです。だから神様がいる限り、生き物は誕生します。

神様を自分の心に預かる人間が、慈悲や愛情を示す・想起させる行為が、日常生活の中の習慣にあることが最善です。

**人間は、自分自身が蓄積した愛情力や慈悲心・感謝する心に、自分が救われるようにできているのです。**

これは神様が創った法則です。これは人間にとって、真の意味で公平なことなのです。だから、安心してください。今からでも、感謝する心を生活の中で蓄積していきましょう。これにより、自分自身が救われます。死後にも作用します。

生かして頂いて　ありがとう御座位ます

［自分自「神」が救います　二〇一〇年十月一日］

## 2 仏作って魂入れず

（前項の感想）

前項の「だから神様がいる限り、生き物は誕生します」とは、とても興味深いことです。

今の科学が大幅に進化して、人体の人工的な再生・製造を九十九パーセント達成したとしても、その肉の器《うつわ》に心（**内在神**）が入らなければ、ただの物体に過ぎません。まず、内在神（神気）が人工物に宿ることはありませんので、ロボットは可能でも人工人間は生まれません。

最後の一線を画《かく》するのは、神気が宿るかどうかです。生きる人間の全員が、神気（内在神）を宿すから生きているのです。

人間が死ぬとは、神気が去ることでもあります。これは、御遺体を見ますと、誰でもわかります。よく知る故人がそこにいましても、御遺体はまったく生前とは別人に見えるものです。

先日、地球人口が七十億人を超えたという報道がありました。自然を破壊して人工化した先進国ほど不妊症に悩み、発展途上国ほど爆発的に人口が増加しています。これこそ、妊娠には大自然の神気（精霊。酵母でもある）が必要不可欠な証拠です。

こう考えますと、「大自然＝神様」である証明です。**自然を破壊するほど、不妊症は進み、その生き物は淘汰《とうた》されるのが地球の歴史かも知れません**。今の発展途上国も人工物で埋め尽くされる世紀が来ますと、世界人口の急激な減少が始まることでしょう。食糧生産の視点でも、これは明らかです。

今こそまさに、大自然との共生ができるのか否《いな》か？ 人類の運命の分岐点です。これに気づかなければ、大自然の神気（スサノオ）が発動して、力ずくで地球を原始に戻そうとするかも知れません。

この秋（二〇一一年）、地球のヒナ型である日本において、スサノオの聖地、紀伊半島の熊野地方が大水害を受けたことは意味深です。世界中で、これから水の祓《はら》いに注意です。かなり本気モードに入りつつあります。

世界中で、人物を対象とする信仰から、大自然への信仰へと、転換するべき時に入っています。自分の地位に固執《こしつ》しない、心ある宗教指導者が存在することを思いたいです。

「大自然への感謝」と、人間に「内在する神仏への感謝」が、非常に重要な世紀の始まりです。これが人類の運命を変えることでしょう。
さらに言いますと、開運術や物事の改善には、この二点だけで十分なのです。根本から改善します。

生かして頂いて　ありがとう御座位ます

［仏作って魂入れず　二〇一一年十一月十日］

## 3 どんな神様と向き合うかは自分次第

神様には人間的な善悪はなく、その善悪両面の要素を超えたところに神の本性があります。要は人間側が、「神様の、どの面を見ようとするか次第」であり、それにより神様は自在に、コノ世での表れが「変わる」のです。

だから現実界において、**どのような神様を引き出すのかは、人間側に責任があります。**

これは、神霊を勧請《かんじょう》（神仏をお呼びすること）する時の、忘れてはいけない視点なのです。悲しい気持ち、怒り、攻撃心、個人欲の気持ちを持って参拝をしますと、その時に寄る気は、同種類の邪気です。

感謝の気持ちで参拝をすれば、感謝をしたくなるような有り難い神気が寄ります。同じ場所でも、私たちを照らす鏡のように神気は瞬間で変わります。変幻自在です。イニシアチブ（主導権）は、参拝者自身にあります。

これが、観世音菩薩《かんぜおんぼさつ》の御顔が十一面（無限の顔を持つ意味）であるわけでもあります。「あなたは、私のどの顔を拝む（見る）のですか?」と、逆に観音様から参拝者は聞かれているのです。

以上のことは、ある意味では神意のネタバラシでもあります。これを知らなければ、各人の本性に合った霊的存在を自分自身で引き寄せて、それ相応な現状となります。

**＊願い事ばかりする人には、同じく参拝者を頼りにする迷う霊的存在が寄ります。その願いは叶いませんし、むしろその願いを妨害する霊的ハンディを呼び込みます。**

**＊感謝だけをしている人には、感謝がしたくなる物事を与える霊的存在が寄ります。**

**＊神などいない、と思う人には神様はいません（心の深奥に隠れます）。**

**＊神様が内在する、と思う人は、神様と一体となり最善へと自然に「自分で歩く」ことになります。**

コノ世は、本当に自分次第で「変わる」世界なのです。

ただ、自分の思いの反射からの反映に時間差があり、あきらめ、信じられなくなるだけです。でも、それでこそ自分の魂の本性が出るのです。

私たちは、本当は自分自身を見るために、コノ世に来た意味があります。神様も、自神を観たくて、神の反射の産物である生き物（動物や人間）を生み出していると言えます。

どんなに惨めで苦しい現状の人も大丈夫です。神様も共に同じ体験をしています。コノ世の消えて行く物事に負けないで、心に神様を抱《いだ》いて生きましょう。そうすれば、神様の元に帰ることになります。

生かして頂いて　ありがとう御座位ます

［どんな神様と向き合うかは自分次第　二〇一〇年十一月十一日］

# 4 「思い」が決めている

（前項の感想）

今朝の神棚の水交換の最中にも感じていたことは、この水を交換するという行為を見えない存在に対して捧げることは、自分の霊的な血液を清浄にするような大切なエッセンスが存在するということです。

東大寺のお水取りの儀式のように、今までの霊的垢《れいてきあか》を流して、新たな生命の息吹を自身に取り込むことに、毎朝なっています。

内在神を宿す人間が思うことは、分魂《ぶんこん》（魂を分けること）現象を起こしますので、人間は自分自身の思いから分け出た分魂に取り巻かれています。

人間は悪いことがありますと、いつも他からの影響を心配しますが、その犯人は自分が出した分魂（生霊）であることが大半なのが霊的な真相です。

つまり、コノ世で上手く行く人は、自分の「思い」に対するコントロールが無意識で正しいのです。しかし、何かショックを受けて、その人の従来の素直な思い方を崩しますと、すべての流れが崩れることになりがちです。

これは逆に言えば、人間は今すぐに改善が始まるということでもあります。

1．嫌なことがあっても、他にその原因を求めないこと。まず、自分を振り返り、反省することがないか？　を考えましょう。

他に責任を見ようとする間は、自分の原因に気づけません。これは損なことです。

2．〝それでも〟生かされていることに、感謝をしていくことです。この感謝磁気を貯めていくことが、自分の雰囲気（分魂の気）を改善させます。

霊的にも、幸運とは自分で呼べるものなのです。これは、同類が引き合うという同調現象だからです。幸運を呼ぶには、自分が幸運と同類の良い分魂（思い）を出し続けることです。

しかし、嫌なことがありますと、自分が思うことをコントロールするのは難しいものです。やはり人生とは、自分自身の「思い」と向き合うことなのです。

だから時には、
＊流れに任せる。
＊仕方がないと思うこと。
を「明るく」思うことが必要な時もあります。
今の自分が何を思っているのかを、静観する視点は大切なのです。
生かして頂いて　ありがとう御座位ます

〔自分の「思い」が決めている　二〇一一年十一月二十一日〕

# 5 自分の生活の中で神様を見る

十月二十一日に、無事に写真集『伊勢神宮から白山へ、その聖なる軌跡』（二〇一〇年、武田ランダムハウスジャパン刊、絶版）を出版することができました。一つの大きな節目と言いますか、現実界に大きな封印を解き放った達成感を感じています。この本は小さいですが、中身は霊的に巨大な本となっています。神界により古代から準備されていた、伊勢と白山を結びククル悲願が成就され始めたのです。

要は日本列島という超巨大な御神体《ごしんたい》が、活動を始めるということです。伊勢と白山の間に、神様の血液が循環を始めています。伊勢―白山の線は、御神体の心臓を動かす大動脈でした。

これからは直接に神意が発動し始めますので、注意が必要です。それは、神様を祈祷《きとう》で使役《しえき》（神仏に願望実現を依頼し、使おうとすること）してはいけないということです。神様は、生き物や私たちが生かされている感謝だけをするべき存在であることが、今から明確になっていきます。

神様へは、ご祈祷ではなくて、奉納《ほうのう》（人間から感謝の気持ちを納めること）の気持ちがとても大切になります。

自分に叶えたい願望があれば、神社の申込書に「祈祷、祈願」の表現がありましても、自分の心中では「それでも生かされている」ことへの感謝を奉納する気持ちでいれば大丈夫です。自分の願望は、内に秘めていればよいのです。

本当の正神には、各人の願望を細かく説明したり、書いたりすることも不要です。各人の内在神がすべてを知っており、その人が普段に蓄積している感謝の磁気に応じて、神様に奉納した内容が神意に応じて反射されます。

人間一人ひとりが、自分の心に神様の存在を見ようとする気持ちを持つことが、本当に重要となります。

どれぐらい重要かと言いますと、各人の人生を左右するほど重要となります。**各人が自分の心に神様を見るべき時**なのです。

最高神は、生きる人間の良心に宿っています。品物や建物には宿りません。外在神への信仰や精神世界の集金イベントにも寄りません。集金イベントに寄り集まるのは本当の神様ではなくて、人間の思惑ばかりです。もっとも正神から離れた行為です。

今の自分の環境の中で、自分の心に神様を感じることが誰でもできます。どこにも行く必要はないのです。

今、まさに自分の環境で、各人がどこまで神様を心に発露させるかだけが、人生で最大に重要なのです。

今日も自分の生活の中で、感謝の気持ちを置いていきましょう。必ず正神へと通じていきます。

生かして頂いて　ありがとう御座位ます

［自分の生活の中で神を見る　二〇一〇年十月二十三日］

## 6 「自分の生活の中で神様を見る」大切さ

（前項の感想）

自分の生活の中に、神様の存在を意識しますと、とても美しくて優しい心に自分自身が「戻れます」。

どんな人でも、一皮か三皮もむけば、素直な神性を宿している人間です。

でも、近所のイタズラ小僧、糞を置いて行く猫様、理不尽に叱る嫌な上司……に出会いましても、我慢して無理に許すことも不要です。

自分も内在神を宿す人間です。自分の心（内在神）を無理に痛めるほどの我慢もいけません。やはり「**自分の良心に従って**」、**必要な時は自己主張も必要**なのが、コノ世の次元での修行です。

この葛藤が、内在する良心（内在神）の発露をさせてくれます。

病気で寝込む人にも、懸命に生きようとする内在神の発露があります。

人が懸命に生きる姿とは、本当に美しいものです。

すべての真相は、誰もが「すでに」、創造神（内在神）と一体であるのが真実です。でも、これを信じることができないのが人間なのです。そのために、何度でもコノ世に生まれ直します。輪廻転生《りんねてんしょう》（生まれ変わり）からの卒業とは、内在神と自分が一体であることを、心底から気づけることでもあります。でも、誰も信じられないまま生まれ直しています。

「こんな自分が創造神と一体であるはずがない」「こんなくだらん人生が神と一体だと？」でも、どんな人生であろうと、神様は個人に内在し、一緒に体験しています。苦労の多い人生ほど、内在する神様は近くに在られます。

これに生きる自分が気づけないだけなのです。

では、自分に内在する神様に気づけるには、どうすればよいのでしょうか？

それには、「自分の生活の中で神様を見る」気持ちでいることが大切なのです。自分が気づけなかった、様々な有り難いことに気づき始めることでしょう。

生かして頂いて　ありがとう御座位ます

［「自分の生活の中で神を見る」大切さ　二〇一一年十一月二十六日］

## 7 静観は近道へと導きます

生きていれば色々なことがあります。これも、「生きているからこそ」です。限られた人生時間の中で起こることは、避けようとして悩むよりも、**自分ができる最善を尽くした上で**静観《せいかん》をすることが大切です。

起こることは、目に見えない縁の集積により起こります。芽を出してしまった嫌な縁は、「静観するのが一番早く通り過ぎる秘訣《ひけつ》」なのです。この秘訣を知らなければ、右往左往して余計な深みにハマり、嫌な芽をますます育てる肥料となってしまいます。

出てしまった嫌な芽を、今さら分析してもムダです。今後に繰り返さない注意として、覚えておけばよいだけのことです。

これを悪質な有料先生に頼って、先生の相談商売のためのデタラメな嘘を聞かされるのに金銭を使えば、ますます違う嫌な芽も出てきます。相談に行きたくなる嫌なことが霊的な作為により次々と発生し、とても優良（有料）なリピーター客にならされます。

悪質な有料先生は、**金銭を受け取る限りは、何かを言わなければ商売になりません**。だから本当は霊的な問題がなくても、「何か思わせぶり」なことを言います。相談者のほうも、霊的な問題とその原因であって欲しいという変な心理を、相談に行く時点で持ちます。

こんなことを繰り返す間は、自分の見るべき本質から遠ざかります。改善はしません。

コノ世で出た嫌な芽は、昇華《しょうか》（無害なものへの変化）するまでの時間が必ず必要です。コノ世で「生まれる」「発生する」「出る」とは、生命であれ、病気であれ、社会問題であれ、いったん出た限りは、消えるまでの時間（＝生命）を次元（＝神）から与えられるのです。

コノ世はある意味、「有限な時間（＝生命）」をすべての存在が与えられる世界です。だから逆に言えば、どんな嫌なことも**期間限定に過ぎません**。だから、最終的には全員が大丈夫になります。

そして、「時間が無い」次の次元へと旅（死）をします。

せっかくの時間がある世界では、何があっても心（内在神）を傷めるほど悩まないのがお得です。必ず区切りと終わりが来るからです。だから死にそうになっても楽しむ視点は大切であり、生き方の究極です。

嫌なことがあるならば、黙って静観をするのが一番早く因縁の昇華をするのを助けます。自分にとっての嫌な他人にも、静観する視点は非常に有効です。その相手が、段々と苦にならなくなります。

静観とは、辞書によれば、

1. 静かに観察すること。また、行動を起こさずに物事の成り行きを見守ること。「しばらく事態を静観しよう」
2. 事物の奥に隠された本質的なものを見極めること。

（『デジタル大辞泉』小学館）

静観を正しく、明るく自分の視点に持てれば、コノ世はかなり生きやすい世界へと変わっていきます。

これは知っておくべき、法則の一つなのです。

生かして頂いて　ありがとう御座位ます

［静観は近道へと導きます　二〇一〇年十一月八日］

# 8 一寸の虫(思い)にも五分の魂が宿ります

(前項の感想)

京都の鬼門の方角に在る貴船神社《きふねじんじゃ》(水の神様、弁財天でもある)に参拝しました。境内から、目の前の貴船川を挟んだ山並みを眺めますと、左方向の奥に鞍馬山《くらまやま》が見えます。鞍馬山の奥の院である魔王殿《まおうでん》は、貴船川を挟んで貴船神社の真正面に近い位置の上方にあります。太古に、護法魔王尊が降臨したと伝えられる場所です。

貴船神社から鞍馬山を眺めながら感じていたことは、自我(我良し《われよし》)の願いを持つ人間が来ますと、そうかそうかと笑みを浮かべながら、

「そなたは金が欲しいか？　欲しいなら与えよう。それぞれ」

「異性はどうじゃ？　色々と出会わせるぞ。ほれほれ」

「もっと何でも持たせてやるぞ。どうぞどうぞ」

と、笑っている存在がいるということでした。その人間が持つ欲心をあぶり出す、増幅《ぞうふく》装置《そうち》としての磁場が形成されていました。

つまり、そのような磁場を形成させたのは、生きる人間の思いの蓄積です。魔王尊が悪

魔なのではなく、生きる人間の思いの問題なのです。

だから時代により、その場所の意味と雰囲気は変わっていきます。魔王尊にも、多くの人が感謝の思いだけを捧げていきますと、その場所の雰囲「気」は必ず変わっていきます。

ただ、一人ぐらいが感謝の気を捧げても、千年以上も蓄積された人間の自我の思いに逆に取り込まれる可能性があります。もし、鞍馬山に参拝するならば、生かされている感謝だけの参拝が非常に大事に感じます。個人欲の祈願などは、とてもとても賛成はできません。

決して、甘く見てはいけない場所です。


伊勢神宮では逆に、自分の願い事の祈願をしに行きましても、なぜか神前では願うことを忘れていたという人が多いです。自分の願いなどは、小さなことであり、どうでも良いことだと気づく人もいます。

人間の自我の気の蓄積を超えた、人の真我《しんが》（良心・内在神）の気が勝《まさ》る場所が伊勢神宮です。しかし昭和のバブル時代には、伊勢神宮でも人の自我の気が優勢な時もありました。

つまり生きる人間の思いの蓄積とは、本当にすごい作用を及ぼし、その場所に独立した気を持たせるほどの威力を持つのです。

多くの人間は、どうせ自分の思いなどは、何も意味を成さないとあきらめています。しかし、真実はそうではなく、その人間の明日を日々決めているのは、今の自分の思いの蓄積からの反射なのです。

自分自身のことを信じている人は、コノ世では成功しやすいです。しかし、成功する人でも、自分の自我（自分だけが中心）の思いを信じている人は、長続きはしません。自分の良心（内在神）を信じる人は、成功することも超えた、平安を得ます。

もっと自分の良心（内在神）と先祖（遺伝子）を信じましょう。

必ず自分なりの最善へと向かいます。

生かして頂いて　ありがとう御座位ます

［一寸の虫（思い）にも五分の魂が宿ります　二〇一一年十二月十八日］

## 9 思いや行為の磁気が溜まっていくことに注意

テレビで、横綱白鵬が連勝できなかった要因を、日常生活から追っている特集を数分間だけ見ました。私が見た場面は、白鵬が負ける時の相撲は、通常とは違う土俵の仕切り方、つまり目線と足運びが微妙に異なる時だと分析されていました。いつもの自分のパターンを崩した時に、負けることが多いのです。

そう言えば、強かった千代の富士・朝青龍もいつも同じ土俵上での仕切りのパターンを維持していました。大リーグのイチロー選手も、モノマネされるほどの打席での仕草のパターンを持ちます。読者の皆さんも、仕事はまずパソコンのスイッチを入れて……などの決まった動作から始める人が多いのではないでしょうか？

白鵬は、

1．パターンを崩したから、肉体が練習で記憶している動きが発動しなかった。そのために負けたのか？　それとも、

2．心が動揺しているからパターンを崩し、心の動揺のために負けた。つまり仕切りパタ

ーンは関係ないのか？

この答えは、両方が重なったからだと思います。問題は、肉体を持つ次元では、1番も原因に入ることです。まさにロボット人間のように、パターンを崩しますと、無意識に通常の動きが出ないのです。

家族の笑い話ですが、ダイヤル式のカギが付いた小さな荷物を入れる箱を玄関先で使用していた時期がありました。ダイヤルを右側に何回、左に何回と回しますと、カギが開く仕組みです。私がカギを開けようとして、いつもカギを開けている家族に番号を聞きました。

すると常に開けている家族が番号を思い出せないのです。口では言えないわけです。しかし、箱の前に立ちますと、手がクルクルと勝手にカギを回して開けることができるのでした。家族は「私の脳ミソは手にあるのかも知れない」と言って笑っていました。

さらには、いつまで経っても番号を覚えない私の脳ミソは、手にもなかった、と笑われるというオチでした。

以上のことは、まさに霊的な祈祷《きとう》の仕組みと同じなのです。パターンを踏むことによって、空間に記憶されているものが発動するのです。

空間に存在する霊的磁場が、肉体でいう脳ミソに相当します。その霊的磁場に関係する祝詞《のりと》や、言霊《ことだま》、仕草をおこなうことによって堆積している霊的磁気が発動して作用します。

大切なのは、自分がどんな霊的磁場にアクセスをするのか？　ということなのです。一番安全なのは、自分から感謝の思いだけを「与える・出す」ことでアクセスする霊的磁場です。

世の中の大半は、自分から与える・出すのではなく、何かを得る・勝ち取る・搾取《さくしゅ》する霊的磁場にアクセスを「したい」とする種類のものです。これでは逆に、霊的磁場から搾取「される」結果になるのです。


例えば、この千数百年間に般若心経が、どんな「場面」で利用されたのかを想像してください。その大半が、何らかの祈祷、調伏や、悲しみの場で使用されてきました。どんな種類の磁気が御経に堆積しているのかは、たやすく想像ができます。

また近年では、神道の家元・吉田神道が認めなかった祝詞でもある「○○○祝詞」が引っ張り出され、霊的ヒーリングや集金目的の講演会で多用されています。どんな種類の欲深い垢憑《あかつ》き磁気が堆積しているかは明らかです。動物形象を呼び出します。

安全で有効な祝詞や言霊は、自分なりの感謝を意味する話し言葉で良いのです。これがもっとも効率良く、自分の脳（＝宇宙）を通じて神様に作用をします。

自分から感謝の磁気を与える・出すことによりアクセスされる霊的磁場は、同じく与える母性に満ちた磁場（＝天照太御神）に接続されます。逆に何かを与えられるのです。人間を「縛る」ムダで不要な悪い交換条件のパターンを作らせませんし、搾取もされません。

今日も、自分なりの感謝の磁気を空間に置いていきましょう。

生かして頂いて　ありがとう御座位ます

［自分の思いや行為の磁気が溜まって行くことに注意　二〇一〇年十一月二十九日］

# 10 自分を納得させましょう

読者からの質問でよくありますのが、

「〇〇は、成仏していますか？」

「今どんな状態ですか？　安心していますか？」

など、故人の状態をたずねるものです。


私が感応《かんのう》している神気の内、国常立太神《くにとこたちおおかみ》やスサノオの神気と言いますのは、冥界《めいかい》（死後の世界）や地獄界、霊界、これらを飛び越えて神界まで自在に良く突き通ることが可能です。穢《けが》れた世界へも自在に通じる神気とは、やはり特殊な神様です。

したがって故人の魂へこれらの神気を向けますと、今の状態がすぐに私にはわかります。

そして、聞かれた故人を観ますと、その多くは感謝の供養が必要な状態です。

やはり、「聞きたくなる」という時点で、何らかの故人からのサインを読者が受け取っているからだとも言えます。故人が成仏していますと、その「安心した気持ち」を読者が受け取って、心配する気持ちが生じないのです。

百パーセントではないですが、このような傾向が一般的にあります。

だから、寄《よ》り代《しろ》（短冊《たんざく》や位牌《いはい》のこと）による「先祖のため」の感謝の先祖供養をしていけば問題はないです。自分自身ができる供養行為をしていれば、その供養を受けて故人も安心しますし、**自分自身が安心できるのです。**

**生きる自分が「納得できる行動」をしていることが、実は故人にも良い影響を及ぼして大切なのです。**

逆に言えば、生きる人間が故人に対して、自分ができることをしていなければ、何か引け目を感じて不安となります。そして「〇〇は、成仏していますか？」と聞きたくなってしまうのです。

実際には故人が成仏をしていても、生きる縁者の不安感は故人には悪影響なのです。

考えてみますと、自分自身が納得するように努力することは、人生には非常に大切なことなのです。

私は過去を振り返っても、後悔がないのです。なぜならば、自分ができることを出し切ったと自然と思えるからです。成果が出せないことも多々ありましたが、それ以上は限界だと、無理だと、自分で納得できるほど努力をしましたので、悔いはないのです。

今もいくつもの仕事を兼ねて思いっ切り生きていますので、このまま今生を去っても悔いはないと思います。

「自分ができることはした」と心底から思えることが大切なのです。


皆さんも、離婚・辞職・転職・進学……と色々と悩むことがあることでしょう。でも、自分ができる最善を「本当に尽くしたならば」、後で後悔をすることはありません。

もし、現在に後悔をしている人は、もっとガンバルことができた人かも知れませんね。


私は、死と誕生の転生《てんせい》(生まれ変わること)を繰り返すたびに、必ず思ってきたことがあります。

それは、「まだまだできたはずだ」「もっと他人のためになることをしたかった」ということです。これを毎回、思っていました。

今回こそは、心底からもう十分だと思えるようになりたいものです。

皆さんも、自分を納得させるように生きましょう。

一番手強《てごわ》いのは、自分自身なのです。

生かして頂いて　ありがとう御座位ます

[自分（我）を納得させましょう　二〇一〇年十月二十七日]

# 11 できる努力をしようとしていますか？

（前項の感想）

**自分自身を納得させるための旅をしているのが、私たちの人生なのです**。誰のために生きるのでもなく、自分の心が納得できるのかを、コノ世に試しに来ています。だから他人に頼っていても、不安感は消えないのです。自分の心に向き合わずに、他人を見ていれば、余計に不安感が増します。

他人を見るのはやめて、自分の心中に良心という神様が存在することを信じ（神事）、自分の先祖が見てくれていることを、常に思いましょう。

暇なアノ世では、縁ある魂全員で、映画鑑賞をするように、生きている私たちのことを大きなスクリーンで見ています。嫌かも知れませんが、コノ世での隠し事などは不可能なのです。

アノ世に帰れば、この仕組みを見て、隠し事を持つ魂は愕然《がくぜん》として萎縮し、恐れ慄《おのの》きます。だから自分が生きているうちに、少しでも良心に恥じることがあれば、それを修正するように努力「しようと」したほうがお得です。

自分自身の良心が、アノ世で許してくれなくなるからです。**他人が裁くのではないのです。**

自分の努力なんて、何の進歩も実績も残せないので、ムダだと思わないことです。コノ世での実績などは、コノ世だけで消えることなのです。

それよりも、自分ができることを「しようと」していたかどうか？　が問題なのです。

今、色々と悩む人を視ますと、それは自分の本心が「納得していない」がゆえに、起こる悩みでありイラ立ちなのです。つまり、他人からの助言を受けたところで、自分自身の良心が不完全燃焼である限り、安心はしないのです。

自分自身を納得させることができるように、悩む前に考える前に、目の前のことに没入しましょう。

これからの人類の変化は、内在する神様への「自覚」と、多くの先祖（人類）と共に生きている意識を持つことで、遺伝子の革命が起こり始めると感じます。

コノ世的にはダメダメな人生でも、自分の良心に恥じない生き方ならば大丈夫です。人類に、肉体重視から、心の良心を重視する形態へと、大どんでん返しの種《しゅ》の変化が起こる足音が、私には聞こえ始めています。表と裏が一瞬で、でんぐり返る感じです。

心が苦しい人は、それは改善させようとする内在神からの救援のサインです。自分の良心に沿って、できることをしましょう。
今が楽しい人は、「生かされていること」に感謝をしましょう。
自分の良心に忠実であれば、これからも大丈夫です。

生かして頂いて　ありがとう御座位ます

［自分を納得させる　二〇一一年十一月二十九日］

## 12 コノ世は反射する世界なのです

人間は自分が他人に出した思いやりや慈悲心《じひしん》（愛と情け心）により、相手よりも自分自身が救われて「いる」、という霊的側面があります。

他人に思いやりを向けたところで、それが相手に影響しない、理解もされない、というのが普通です。ただ、**自分がそのような気持ちを他人に持ったという事実が大切なのです。**

要は人間とは、自分が「他人に」出す気持ちにより、今とこれからの自分を形成するのです。普段の自分が、どんな気持ちを「他人に」持っているのかが大切です。

脳内で他人を罵倒《ばとう》している人は多いです。ただ、それをしている間は、自分も他人から罵倒される未来を絶えず形成しています。やはり損な気持ちです。

生きるすべての人間は、内在神という鏡（カガミ：神我見）を持っています。その相手のカガミに、自分の気持ちを投射《とうしゃ》（投げかけること）した内容が、自分自身を構成していく法則があるのです。

これをわかりやすく説明しますと、私たちがスプーンで目の前の食物を食べているとします。自分の口にスプーンで食物をどれだけ入れても、消化せずに流れ出るだけで身にならないのです。ところが他人の口へと、自分がスプーンですくって供給した食物だけは、いつの間にか自分の胃袋に収まって自身の栄養になるのです。

要は、自分「だけ」では食べられないのです。相手に食べさせた食物が、霊的に自分の胃に収まるという反射の世界が、コノ世の真相なのです。

たくさんの子どもたちにご飯を食べさせている時の母親の視線には、満足気な愛情があります。母親自身が食べている時よりも、子どもが美味しいと言いながら食べる姿を見ているほうが嬉しそうです。子どもたちに食べさせた分の霊的な何かを、母親自身は受け取っているのです。

以上のことは、仕事でも何にでも言えることです。

**他者に与えたモノは、いつか自分が受け取ることに必ずなります**。生死の次元をまたいでも、絶対にです。タイムラグにより、このことが関連付けできないだけです。

だから、先祖供養が素直にできる人は、素晴らしい人です。

供養しても何も見返りがない、してもムダだと思われる現実界の中でも先祖供養ができるのは、まさに自分自身の慈悲と思いやりの気持ちの発露からです。

この反射により、先祖も「自分もいつか」救われます。これは、当然な道理と法則なのです。

信仰とは、**白黒の答えが出ないことにこそ、自分の本性が試されています。**

やはり、この言葉の気持ちで生きて行くことが最善です。それが、

生かして頂いて　ありがとう御座位ます

［反射する世界なのです　二〇一〇年十一月二十六日］

# 13 自分が出したモノを受け取ります

（前項の感想）

自分が他者や動物・物に向けた気持ちを、時間を置いてから自分自身が受け取るということです。**未来の自分を創るのは、今の自分が出した気持ちです**。今の自分の心境と環境は、過去の自分が出した気持ちと努力の反映と言えます。

人間とは、多くの鏡（他者）に囲まれて生きています。

では、自分が他者から嫌なことをされていれば、どうすればよいのでしょうか？

自分の過去の行為と気持ちの反射の場合と、そうではなく、他者自身が発する新規の問題の場合もあります。

この場合は、自分自身が反射率の良い鏡でいることを心がけましょう。

自分ができる防御をしながら「静観する」ことが、良い反射を相手にお返しします。相手の刺激に反応することは、反射率を落とすことになります。自分も相手と同様に害する気持ちを出してイライラすれば、自分の霊体の鏡としての精度が落ちます。

いちいち反射を考えて生きるのも嫌なものです。要は、一切のことにムダがないという真理を、自分が強く自覚していればよいです。

一番強い鏡は、自分が「他者に」愛情や思いやりの気持ちを常に持つことです。これは、たとえどんな強い呪詛をされても、無意識下で自分を守り相手に呪詛を跳ね返すことになります。そして相手は、自分が出した毒に負かされることに必ずなります。

自分自身が、良い鏡になりましょう。

生かして頂いて　ありがとう御座位ます

[自分が出したモノを受け取ります　二〇一二年一月三日]

# 14 あなたの存在こそが奇跡

運命とは、自分が歩いた結果に過ぎません。多くの人間が勘違いをしています。

運命と言いますと、なぜか皆さんは未来をイメージしていますが、未来ではなくて、「済んだ過去」を運命と言うのです。

運命とは、自分の「命」を「運」んだ結果の道筋（軌跡《きせき》）のことです。自分の人生を振り返れば、一本の道筋になっているだけのことです。選択肢は、過去でも未来でも無数にあるのです。ただ、選べるのは一つだけですから、当たり前のことですが、その連続は一本の道筋となるだけです。

**過去を振り返れば、うまいこと一本の道になっているからと、これからも道が一本に「決まっている」と思うのは大きな錯覚であり間違いです。**

未来は、本当に白紙です。

ただ、今の自分が歩いている「方向性」があるだけです。今を、自分ができることを懸命に生きることが、その人の運命となり、軌跡（奇跡）を刻んでいきます。

広い宇宙を見渡しても、生きているだけでもすごいことです。人生には、失敗も成功もありません。生きているだけで、すでに大成功を神様と共に歩いているのです。この地球も、いつでも死んだ星に変わることが有り得ます。

しかし、未来を改善させることは、思う以上に簡単です。今のこの瞬間の連続が、過去の運命となり、未来を形成します。

だからこそ今、この瞬間に現状への感謝を置いていくのです。その未来は、感謝にあふれた未来世界があります。

これからの最新医療は、遺伝子の治療がカギとなるようです。肉体を切ったり除去したりせずに、病人の遺伝子を治療することで、根本からの治癒《ちゆ》を起こさせるのです。

私は、感謝の先祖供養こそが究極の遺伝子治療だと感じています。なぜならば、その遺伝子自体が発生する以前の太古に干渉するからです。

遺伝子が物質として発生する「閉じられた環境＝家系＝命の流れ」に存在する、アル欠点が遺伝子に反映されて生命が誕生しています。その欠点の正体は、過去に生きた先祖の「無念」や「他人を傷つける思い」が、遺伝子に反映して遺伝子を傷つけることだと感じます。

これを感謝の思いで「上書き修正」してあげますと、遺伝子の改善が起こると想像します。

人間は、過去の数億年の生き物と、人間の遺伝子の結晶体です。要は、**あなた自身が、過去に生きた先祖たちの固まりなのです**。過去の先祖たちに贈る思いのプレゼントが、今の自分に反映するのは当然な道理なのです。古臭い感謝だけの先祖供養が、実際には最新科学だったのです。過去に生きた自分の固まり（先祖のこと）に、無理なお願いをすれば、今の自分が苦しくなるのは当然だったのです。

今の自分の現状と先祖霊に、感謝の思いを置いていきましょう。
この継続が、最善の未来へと進みます。

生かして頂いて　ありがとう御座位ます

［あなたの存在こそが奇跡　二〇一〇年十月四日］

# 15 鏡の世界とは反射の世界

（前項の感想）

先祖供養を勘違いしている人は、自分が良い結婚をしたいから先祖供養をする、自分が就職したいから先祖供養をする、病気を治したいから先祖供養をする……。これは先祖供養ではありません。関係のないことです。結婚ならば婚活、就職ならば就職活動、病気ならば医師による治療、これがコノ世で生きる手段であり、ルールです。

短い限定期間（人生）の中で、葛藤して挑戦して成長するために皆さんの魂は生まれています。すべて貴重な、コノ世だけでの経験です。

では、先祖供養の効果と意味は何でしょうか？

それは、自分が他者に、思いやりの心を出す練習。他者に情け心を持つ練習。つまり他者に与える練習なのです。自分が何かの効果をもらう練習ではないのです。

**何かの効果を「くれくれ」と願うよりも、他者に「思いやり」を出すほうが、逆に何かが自分に与えられるのです。**

だから、神様にも祈願するよりも、感謝を捧げるほうが通じます。自分が生かされている感謝を捧げるほうが、普段に思っている希望は叶いやすいです。

そして、本当の神様ならば、人間同士のように自分の住所や、希望の詳細内容を言う必要も一切ないのです。低級な動物形象ならば、人間と同じような内容を要求しますし、交換条件の欲も持ちます。

ここで問題なのは、はたして自分のしている先祖供養は、自分のための供養なのか?、先祖のためにしているのか? と自分でもわからない人がおられることでしょう。どんな人間でも欲や、自分の問題を抱えています。だから心配される人がいます。しかし、先祖供養が継続できる人は、それは先祖のための供養であり、先祖に通じている証拠なのです。

自分の欲のための先祖供養ならば、先祖に通じずに、自我(自分のためだけの欲望・願望)への供養・祈りとなり、必ずアホらしくなり供養を自《みずか》らやめます。これで良いのです。自分がまだ、他者を思いやる余裕がなく、その心境ではないのです。自分自身が苦労して、他人からの情けに気づけた時に、改めて先祖供養がしたくなります。

また、先祖供養をするのが怖いと思う人、自分の色々な嫌な出来事を先祖供養と結んで心配する人も、無理に先祖供養することは不要です。

心配すること自体が、やはりまだ自分の願望のための先祖供養であり、まだ自分のことで精一杯な時期なのです。

先祖供養が継続する人は、もし苦しい状態の先祖や縁者がいれば可哀想に思い、自分のできることを「しておきたい」という思いなのです。だから、先祖供養を怖いとか、嫌なことと結び付ける発想をしません。先祖のために供養したいだけだからです。

生きていれば、色々なことがあるのが普通です。

神様も観音様も、与える一方の存在です。だから自分も、与える気持ちを持てれば、自分自身が観音様となり神様にも近づくのです。そして、自分が救われるのです。これがカンナガラ（内在神と共に）です。自分の内在神が救ってくれます。

自分が「欲しい欲しい」の心境では、逆に何かを失くしますし、心が苦しくなっていきます。

この逆転の真理を知っているだけでも、これからの人生は改善します。歩みは遅くても、大安心へと向かいます。

生かして頂いて　ありがとう御座位ます

［鏡の世界とは反射の世界　二〇一一年十一月十一日］

# 16 経験せずとも気づくには？

人間は、よそから何かをもらう・してもらう発想がある限り、悩みは尽きず弱いままなのです。自分から「気持ちだけでも」、出す・与える・相手を見守る、視点が持てれば生活も変わっていきます。

神様の神気を感じますと、高次元な存在ほど何かを「与える気」に満ちています。幽界の存在や、動物形象の存在ほど、何かを要求する・搾取《さくしゅ》する気にあふれています。だから、自分が他人から何かをしてもらう発想をする間は、同じような「欲しがる霊的存在」が寄っていると思えばよいです。そのような時にする判断や発想は、裏目に出ることが多いのです。

自分が与える視点、他人に奉仕する気持ちでいる時には、「同様な志向」を持つ良い霊的存在が寄っているものです。やはり良い方向に自分自身が進んで行くものです。

ただ、自分の環境では、どの人に対して与える視点を持てばよいのかがわからない人もいるでしょう。

そのような時は、自分の先祖霊に感謝をする気持ちを持てばよいです。これは非常に霊的な実践力を持ちます。神様も許している法則なのです。

それはなぜでしょうか?


神様が与えた生物の本能として、子どもを育てる本能があります。この本能がなければ、生物は産みっぱなしとなり、すぐに絶滅します。要は、親子間の「与える→享受《きょうじゅ》する」関係が、神様により保証されているのです。

これは、肉体をなくした先祖と子孫の関係でも、まったく同じなのです。


この現実界に肉体を持つ間は、誰もが嫌でも先祖とは常時つながっています。このつながりをムダにしているのは、本当に損なことなのです。コノ世が生きづらくなります。

神様も認めている親子間のサポートとは、本当に生活に則したものなのです。つまり皆さんが一番欲しがる、**金銭や健康や仕事すべてへの干渉が、神様より先祖霊に許されています**。

でも、先祖供養したからといって何も良くならない、悪くなるばかりだと思う人はいるでしょう。

しかし、これも現実の親子関係を見れば、よくわかることなのです。

「友達のAちゃんは、親からお小遣いを一万円もらっている。私は千円しかもらえない。何回お願いしても、追加してもらえない」と、似たことなのです。

親は、自分ができる範囲をしているのです。でも、子どもは他の親と比較して不満なのです。親としては、子どもが「生きるための」他の生活費を優先しています。しかし子どもには、これが見えない・わからないので、不満タラタラなのです。

これと同様に、先祖供養の反射により大難が小難となったり、その他の自分が知らない危険も、「**体験せずに済んでいること**」がたくさんあるのです。しかし生きる人間には、それがわからないのです。

その見えない恩に気づけない間は、不満タラタラとなり、さらには先祖供養をも否定して捨てているのです。これは神様をも、霊的に捨てていることになっています。

無知ゆえの罪を犯している人間が多いのです。

すなわち、生きているだけでも、たくさんの恩恵をすでに私たちは受けているのです。

動物たちの命も頂いています。

これを感謝せずにおれましょうか？


不満タラタラ、不安タラタラでいる場合ではないのです。小遣いが千円ならば、親を助けて自分ががんばろうと思えるようになりましょう。先祖供養をしても自分が不満な状態ならば、もっと先祖を自分が助けようと思える視点を持ちましょう。

これができるのも、短い人生期間の間だけです。

あ〜、もったいないことばかりです。

生かして頂いて　ありがとう御座位ます

［経験せずとも気付きましょう　二〇一〇年十月二十四日］

## 17 思いやる心が難を避ける

（前項の感想）

人生においては、自分が痛い嫌な経験を「実際に」体験しなくても、想像力や常識から判断して、災難を避けられることが大半です。

例えば、不倫の誘いがあったとします。快楽の先を想像しますと、捨てられて惨めな自分だけが残ると判断して、最初からやめる。もし自分が選ばれても、多くの人間や相手の子どもの人生を破壊することを察してやめる。他人を不幸にしては、自分も幸福になれないと想像してやめる。

**不倫ができる人間とは、もし自分と結婚しても、平気で裏切る人間だと言えることを考えてやめる。**

さらに例えば、運転中にボールが道路に転がってくれれば、その後を追いかけて子どもが飛び出すことを想像して、速度をゆるめるか、停車する。子どもを跳ね飛ばさなくても、想像力だけで事前に避けることが可能なのです。

このように、嫌なことや危険なことも、実際に自分が体験しなくても避けることが可能なのです。

また、一意専心《いちいせんしん》（一つのことだけに専念すること）を継続していますと、人生そのものを知ることが人間には起こります。狭い業界において、一つの仕事しかできない職人の顔が、仕事の経験が深まるにつれて良い顔相に変化していき、人生を悟ることもあるのです。

別に大金をかけて精神的な修行や信仰など体験しなくても、一つのことに専念するだけで、まったく違う意味での悟りという副産物が生じます。

前記の話の根底にあるのは、「思いやる心」なのです。人間が他人の状態を思いやる心や、職人が自分の仕事において使用者のことを思いやる愛情の練習（仕事）を重ねることで、自分の霊性が上がるのです。

「思いやりの心」とは、災難や不幸を遠ざけ、その人間を幸福にさせる秘訣なのです。

思いやる心は、防災対策にもなります。心の事前の準備があれば、実際に地震を経験しても想定した行動がしやすくなります。まったくの想定外の状態でいることが、気持ちを固まらせるので危険なのです。

地球を取り巻く環境を観察しながら、災害を想定していれば、冷静な対応が可能です。
災難を経験せずとも、防災意識を持つことが無難に導きます。

生かして頂いて　ありがとう御座位ます

[この世は、思いやりの心　二〇一一年十一月二十七日]

## 18 過程を大切にしましょう

物事を「静観する」とは、色々な段階のレベルがあるものです。無関心や放置をしておくことでは決してなく、自分ができる最大限の「行為」をしている上で、それからの「結果を手放す」ことでもあります。

自分が努力した物事については、やはり何か一言を相手に言いたくなりますし、反応を期待するものです。でも、**それらを手放した時に**、正しく静観ができ始めます。

何か難しいなあ、何のこっちゃ？　と思うでしょう。要は、自分ができる努力をしていれば、初めて正しく静観ができるということです。でも、努力したことは、結果が欲しいと思われるでしょう。逆の結果が出れば嫌にもなるものです。

しかしここに、コノ世の法則があります。

それは何でしょうか？

結果は必ず、コノ世だけのものであり、いずれ消えて行く、終わる、評価が変わっていくものなのです。あなたが悩み模索をしている「過程」こそが、永遠に残るものであり、アノ世に持参できるものなのです。

**コノ世と、アノ世では、求めるものがまったく逆なのです。**

つまり、**結果だけを求めて、過程を捨てている人が多いのです。**

結果だけを求める人間は、ギスギスとした余裕のなさが目立ちます。必ず人生は終わり、有限であることも忘れています。

だから、コノ世での結果が悪くても、その過程を自分の良心に恥じることなく生きる人は、人生の本当の勝利者です。アノ世の良い次元にも通じます。

見えない先祖を供養することも、その過程が大切なのです。

ここでの過程とは、「先祖への思いやり」のことです。供養をすればどうなる、こうなるなどは、まったく関係がないのです。

自分が今に生きているのは、「先祖が生きてくれたからだ」だけのことを恩義に感じて、感謝をしたいから供養するだけのことです。

コノ世は、何でもアタリマエだとしている恩知らずが多いのです。それは、死後に必ず困る人でもあります。

結果を求めて生き急がずに、現状に立ち止まって、今の過程を静観しましょう。これを極めれば、あなたは命の永遠性を垣間《かいま》観ることでしょう。

生かして頂いて　ありがとう御座位ます

［過程を大切にしましょう　二〇一〇年十月十九日］

# 19 絶えず今が美味しいのです

（前項の感想）

私たちは面白い映画や小説を見ますと、早く先の場面を知りたくなります。また、とても嫌な場面ならば、そこをよく見ずに飛ばしたくもなります。

両方ともに言えますことは、**今の場面をよく見ていないことです**。絶えず先の場面しか「見よう」としていません。先に進めば進むほど、物語（人生）は「終わり」という一つの区切りに近づきます。

後から振り返りますと、早く先に進みたいと思える今の場面（生活）こそが、最高の場面だったことに気づきます。この時に、「ああ、あの時にもっと……こうしておけば良かった」と後悔をするものです。

死後に振り返る時も、自分が苦しかった最中こそが、色々な意味での昇華と、次への上昇のための恩寵《おんちょう》（神様からのプレゼント）だったことを知ります。

でも、この時にはもう戻れません。アノ世の退屈さと比べますと、大変なコノ世とは、本当にどんな人生でも最高なのです。

最高に楽しい時は、人間は時間を忘れて熱中するものです。次の場面のことも考えません。この時、その人の魂は、時間の拘束を離れて時間が止まっています。この止まる時間が頻繁《ひんぱん》にある人ほど、本当に心身ともに若さを維持します。

つまり、今の場面（生活）を見ずに、先のことや、過去ばかりを見ようとする人は、老化も早まるのです。ましてや、お金をかけてまでして先を知ろうとする有料スピリチュアル行為などは、老化衰退への大損の道です。

このあたりの話は、コノ世だけに存在する時間の秘密に関係します。

アインシュタインが発見した相対性理論では、物体が光速に近づくほど、その物体を拘束する時間は止まります。実は、私たちの思いは、光速を超えているのが真理です。だから、心で思う内容が最高に大切なのです。時間（寿命）を左右させます。

神道の大切な観念の一つに、中今《なかいま》があります。たとえどんな今の状況であっても、懸命に生きていれば、魂が永遠性の中に生き続けるという思想です。平安時代の『続日本紀《しょくにほんぎ》』には、すでに中今の観念が明記されています。

正しく神様に感謝をする行為（神事）をし続けますと、人間は自然と真理を自分の心の中から「思い出す」のです。アインシュタインも真っ青です。

だから自他ともに長生き（長い息をする）をさせる最高の言霊であり、思い方は、この言葉です。

生かして頂いて　ありがとう御座位ます

［たえず今が美味しいのです　二〇一一年十一月二十三日］

# 20 今を価値ある経験に変えられます

要は、この現実界で生きる間、私たちは自分の本心（内在神）との対話・対面を常にしているのです。これは深い意味での霊的真相です。自分の心が曇っていますと、これに気づけません。

そして、自分が面会している家族や他人は、自分の本心を映す・映される鏡なのです（映す：うつす。**動**体への転写）。

神社や神棚・供養の寄り代（短冊や位牌のこと）も、同じく自分の心を写す鏡です（写す：うつす。**静**体への反射）。

コノ世のすべては、究極的には自分の本心（内在神）を知るために用意されています。

人間は自我（我良《われよ》しの心）が成長するにつれて、段々と自分の本心（内在神）から気持ちが離れ、他人との比較、他人の視点を気にする中で生きることをします。

これは、母性のカタマリである内在神から離れることになりますので、満たされない飢餓感・不安感を生活の中で感じだします。コノ世の何を手に入れても、安心することはできません。

今が不満な人は、他人と比較することをやめて、現状の中でも感謝するべきことに気づきましょう。その不満な生活でさえも、「生きられなかった」人が多いことに気づくべきなのです。

今に生きているだけでも、すでに十分な幸福（内在神）を与えられています。コノ世を去る時には、物を欲しがる自我と、永遠なる内在神との分離が起こります。コノ世の次元だけが、神様と一体でいる次元なのです。

だから内在神を常に意識しながら、目の前のできることに挑戦しましょう。期間限定の世界ですから、思いっ切りすれば大丈夫です。失敗も成功もありません。必ず過ぎて行くからです。残るのは、経験だけです。

**そして、後から思い出した時、自分の良心に従って経験した思い出は、どんな苦しみも最高の経験として輝きます。**

**自分の良心に反して経験したことは、どんな大成功でも嫌な思い出として残り、魂が苦しむことになります。**

だから、今が苦しい人も大丈夫なのです。

自分の良心（＝内在神）へ、生かされていることへの感謝をしながら経験をしていきますと、後で最高の思い出に変わります。この思い出は、アノ世では最高に価値のあるものなのです。

今日も、この言葉と共に生きましょう。それは、

生かして頂いて　ありがとう御座位ます

［今を価値ある経験に変えられます　二〇一〇年十一月三日］

# 21 くやしさも楽しむ

（前項の感想）

コノ世は、自分の本心（内在神）を自分自身で知るために、色々な問題が起こると感じます。

私たちが知るべきなのは、他人のことではなく、自分の本心（内在神）です。これがコノ世に生まれて来る大切な目的なのです。だから、あなたが今に抱える問題も、自分の母性（内在神）の強さを、無意識の自分が「試している」とも言えます。

今のあなたがイジメられていても、そこで何を自分が学ぶのか？　人生を考えるのか？　を、自分の本心が「挑戦している」側面があります。

ただ大切なことは、自分の心（内在神）を守るために、**自分が強くなることも自分の本心が試しています**。受け身で負かされるだけではなく、自分の良心（内在神）を守るためであれば、自分が鬼神《きしん》のように強くなることも必要です。

コノ世の面白いところは、悟りは無だとか、コノ世は一つだとか言っていましても、子どもは育たないことです。しょせんは、その先生の言葉の一人遊びに過ぎないのです。気持ちの良い言葉よりも、汗と努力をかけた行為と行動が、子どもを実際に育てます。

大切なことは、その先にある慈悲《じひ》（情け心。思いやり）の心を人間が持つことが、神様の御心であり、如来の心境なのです。

現に私たちは、大いなる存在の「思いやり」で、地球という舞台を「与えられて」います。本当に「何も無い」のが世界の真相ならば、生物が生まれるという現象は止まります。自分が存在するということは、すでに大いなるモノからの愛情と慈悲が存在した証拠です。

自分の慈悲心をなくすような、信仰や修行ならばすぐにやめることです。

社会生活で苦労した先に、自然と慈悲心を持つ人がいます。

これこそ正しい信仰と修行を成し遂げた人だとも言えます。

**人間の魂は、コノ世という不自由な世界で、自分の思い通りにならない体験をしたくて、コノ世にわざわざ来ています。**

肉体（＝時間でもある）が存在しないアノ世では、自分（魂）が思ったことがそのまま出現する世界でもあります。

もし、自殺せずに自分なりに生き切れば、アノ世では、

・金が欲しいと思えば、金の海の中にいます。

・性交したければ、千人とも性交できます。これを他の魂が見れば、色情界とも呼びます。

・他人を虐《いじ》めたいと思えば、好き放題に拷問できる世界が出現します。他の魂から見れば、それを地獄と呼びます。

コノ世でも、自分が思ったことが何でも叶いますと、楽しいのは最初だけです。必ず飽きてしまい、より強い刺激を求めます。麻薬と同じです。

その先には、自分の肥大した自我により復讐される自分がいます。

だから、今の自分がどんな問題や悩みを抱えていても、それを楽しみましょう。楽しめなければ、それを**静観しましょう**。なぜならば、時間限定（人生）の間だけの貴重な体験だからです。

ただ、自分の心（内在神）が傷つくならば、それを避ければよいです。心の内在神と先

祖から借りた肉体（レンタカー）を守るためです。
だから、自分の心だけは、痛めなければ大丈夫です。肉体が痛い時も、心だけは笑っていたいものです。

生かして頂いて　ありがとう御座位ます

［くやしさも楽しむ　二〇一一年十二月六日］

# 22 本当にムダはないのです

毎日、大勢の人々をブログに寄せられるコメントを通して観ていますと、**たくさんの先祖の思いを代表して生きている人がおられます**。そのような人々は、問題が多くて悩む人と、安心した心境・環境におられる人とに大きく二つに分かれています。

問題が多くて不幸なことは、決してムダで損でダメなことではない場合があります。もちろん、今生での自己責任が原因で苦しむ人が大半ですが、中には先祖の思いを代表して受けて、自分の環境に反射されている人がいるのです。

悩みが絶えなくて不幸な現状があったとしても、先祖供養が気になれる人は、先祖を代表しているケースが多いです。我良《われよ》し（自分だけを優先する気持ち）が原因での苦悩ならば、先祖供養よりも、神社などへの我良し祈願に先に引かれるものなのです。

しかし、本当の正神は、我良し人間の思いを叶えることはありません。それよりも、可哀想な人々や先祖霊のことも思いやれる人間を、陰からサポートされます。

だから、自分では制御できない性癖に苦しむことや、自分の子どもが思い通りにならないこと、健康問題……などなどは、過去に生きた先祖の思いの続きを、今の自分が引き継いで体験している面があるのです。

これを、「今回」の家系において自分の魂が受肉するための「交換条件」として、自分で了承して選択して生まれています。

霊障《れいしょう》（霊からの障《さわ》り）と言われますと、非常に怖い、悪い、嫌な、受けたら損なことのように聞こえますが、それは正しくはないのです。逆に言えば、つながっている、縁がある、もし安心させることができれば強力な守護霊となれることを意味しています。私を守る多くの眷属神《けんぞくしん》たちも、過去生と今生で私が助けた霊的存在でもあるのです。

自分がしたことが、次元をまたいでも自分に帰っているだけなのです。だから、要は苦しみがあれば、どんなことも絶対にムダではなく、反転できる可能性に満ちています。

霊的な意味では、寄り代（短冊や位牌のこと）を使用した感謝の先祖供養をしていけば、大丈夫です。事情により、これができない人も、先祖へ感謝の気持ちを向けていれば、また変わって行きます。ただし、無理な先祖供養は不要です。

そして現実的には、目の前の自分ができることに最善を尽くしましょう。時間限定の人生です。どんな嫌なことも必ず終わりますので、大した問題はないです。何とかなります。

生かして頂いて　ありがとう御座位ます

［本当にムダは無いのです　二〇一〇年十一月三十日］

## 23 ムダはないので大丈夫です

（前項の感想）

人は、自分（自我）にとって嫌なことは先祖や霊の責任を思い、自分にとって良いことはアタリマエにして忘れてしまい、先祖や霊を思うことも感謝もしていません。

つまり、悪いことに関しては執着して悩み忘れず、良いことはすぐにアタリマエとなり忘れています。

親が子どもを成長させたいと思う時、勉強させたいと思う時、もし悪い所があれば愛情ゆえに注意するものです。

私たちは、時間限定（人生）の中で、自分の気持ち（愛情力・思いやり力）を成長させるために生まれて来ています。このために、色々なことが善悪含めて人生で「起こる」のです。

もし病気になっても、その中で他者からの恩恵に気づき、学ぶことが多々あります。自分が病気にならなければ、気づけない物事（アタリマエな物事の有り難さ、弱者の気持ち、自分の高慢さ）とは誰にでも必ずあるものです。

だから、痛い思いをしないうちから、アタリマエな物事に感謝をし、先祖（遺伝子）にも感謝をしていますと、学びのための課題（嫌なこと）は減少する法則があります。

その上で起こる善悪については、家系（霊線）に残存する課題だと考え、自分ができる努力をしながら静観することが、課題の昇華を早めさせます。その昇華の恩恵は、他の家族や親族にも良い影響を残します。

ただ言えますことは、霊障というものは本当に少なくて、悩みの原因の一割もないのです。だから逆に言えば、霊などは一切存在しないと信じ込み、神仏に祈願することもなしに、自分の力だけを信じて努力する人間のほうが社会的には幸福になれるものです。ただ、これだけでは人生を終える時に、やはり「虚《むな》しさ」に気づくことがあるのです。何かが自分には足りないのでは、と。

この時に、自分の心の内在神や先祖の存在に気づければ幸いです。内在神も先祖も、一時《いっとき》もその人から離れたことはないのです。

とにかく何があっても、自分の心（内在神）を傷つけないことが一番に大切です。コノ世の善悪のすべては、必ず過ぎ去って行くことなのです。しょせんは、一時のことです。

しかし、自分の心（内在神）は違います。死後にも継続する存在なのです。自分の心と内在神は、死後にそれぞれ分離しますが、両方ともに永遠に存続する存在です。一つなる根源神から分離した存在だからです。

やはり、この言葉の気持ちでいることが最善です。

生かして頂いて　ありがとう御座位ます

［ムダは無いので大丈夫です　二〇一二年一月五日］

# 第四章

# 最高の霊性とは「愛情が深い」「情け深い」「思いやりが深い」

## 1 天照太御神《あまてらすおほみかみ》とする理由

伊勢神宮内宮の御祭神の正式な御神名は、天照坐皇大御神（あまてらしますすめおおみかみ）と申します。この御神名は、祭事の神前で申し上げる最高の名称であり、通常では天照大御神（あまてらすおおみかみ）と神宮では申し上げています。

これを伊勢白山道では、天照太御神（あまてらすおほみかみ）としています。これは私が啓示で受けた名称です。

しかし調べますと私だけではなく、私が好きな黒住宗忠《くろずみむねただ》（江戸末期の神主。太陽との合体に至った本物の神人です。本人は教団の創設を禁じていましたが、本人の死後に弟子が教団を造っています。いつの時代でも、本人ではない人が組織を作るものなのです）さんも、この呼称でした。

「自己に内在する日輪」との合一《ごういつ》を体験しますと、大の中に点（、）を入れたくなるのです。

これは、

1. 太陽の中に発生する太陽黒点の点でもあります。人類を進化させる電磁波は、太陽黒点が関係します。今の時代に、過去にないほどの黒点が増加するのは、太古の昔から決められていたことのようです。来年（二〇二一年）から黒点発生の最大期に突入します。

2. 太一：たいち。古代中国に始まる道教の影響を受けた言葉で、宇宙の根源である「一つなる存在」の名称です。「太一」は、音（言霊）ではなく、この文字に意味が置かれていると私は感じます。太いモノが、一つに成ること。すべての神々を一つに統《す》べる様を感じます。

「太一」は、伊勢地方では民間の御祭りの場や、神宮の式年造営や伊雑宮（いぞうぐう、いざわのみや：内宮の別宮）の御田植え神事でも標章（しるし）として使用されています。明治時代の改正（次項参照）により、「大一」と表記した時期もありましたが、近年では古儀を尊重して、再び「太一」と表記されるようになってきたそうです。

今回、写真集『伊勢神宮から白山へ、その聖なる軌跡』（二〇一〇年十月発行、武田ランダムハウスジャパン、絶版）の編集過程におきまして、写真と内容文の校正を神社関係者に見て頂きました。その中で、「あまてらすおほみかみ」という私独自の呼称については、神宮の正式呼称を尊重して注釈を入れることになりました。校正をして頂いた方には、とにかく素晴らしい内容だとほめて頂けました。

初版だけは、読みのフリガナが「あまてらすおおみかみ」となっています。重版からは、注釈を入れて説明した上で「あまてらすおほみかみ」にいたします。

私自身の会社のイベントと、複数の著書の刊行が重なった繁忙期も無事に終わりそうです。去年（二〇〇九年）、雷に被災してから、ちょうど十《と》月《つき》十《とう》日《か》が過ぎています。心身共に生まれ変わったような感慨を感じている今日この頃です。

生かして頂いて　ありがとう御座位ます

［今日の日記　二〇一〇年十月二十日］

## 2　時代の流れ

東京で開催されました伊勢神宮の遷宮記念企画展へ読者が行かれました。展示されていた大昔の神札や屏風《びょうぶ》、古文書には「天照太御神」という表記がされていたそうです。

読者が会場におられた説明をされている人に、

「昔は、御神名は『大』ではなく『太』の表記だったんですね？」

と、聞かれたそうです。すると、その方は

「ああ、昔は点が入っていたんです。明治天皇が中国の思想を嫌って、点を取ってしまったんですよ」

と、おっしゃったそうです（その方は、なんと伊勢神宮の禰宜《ねぎ》をされた人物でした）。

これは、「神宮神号太字自今大字可相用事（神宮神号ノ太ノ字ハ今ヨリ大ノ字相用フベキコト）」という明治五年九月十五日の太政官布告第二七二号のことです。この時から伊勢神宮では、神号（神の称号）の表記を「大」に統一することとなりました。

とても明治天皇の発言力は強くて、奈良時代（今から千三百年以上前）の神札や文書でも確認できる、伝統の「太」の文字の変更がされたのです。太陽の太でもある文字です。

これは大霊覚者である明治天皇がされたことですから、神意があります。

一度、自《みずか》ら点を抜いて空白、つまり開放してから再度、未来の天皇が点を入れて締めるという意味を感じさせます。

すなわち、江戸時代の鎖国から明治以降の開放の時代への流れ、そして、再び点を入れる時代へと流れることを暗示しています。

また、天照太御神の時代による読み方の違いもあります。

日本書紀には、読みの音が「あまてらす〝おほ〟みかみ」とあります。古事記では、「おお」と「おほ」の両方があります。

明治時代以降は、やはり「おお」に統一されています。これもまた、時代で変わって行くでしょう。

しかし、古神道の言霊学《ことだまがく》を正しく知る人には、「おお」は有り得ない発音です。言霊の大家と呼ばれた大本教の出口王仁三郎《でぐちおにさぶろう》氏にしても、自らの『霊界物語』には「おほ」と読み仮名を付けています。

名称の表記にこだわるよりも、発音は波動ですから非常に重要です。このような話は、神気と感応できる人物と、ただの耳学者（耳学問の人物）との間で意見が分かれるところです。

これからは、自分の心の外にいる「ナントカ神を拝む」時代ではありません。自分の心の中に在る「あまてらすおほみかみ　あまてらすおほみかみ」の流れを、誰もが感じることが可能な時代に入っています。

皆さんは、この不自由な次元に、自ら「あまてらすおほみかみ」の音と共に生まれて来ているのです。

この言葉は、ただの御神名ではなく、宇宙に今も鳴り響いている「波動音」です。この十音の音と流れで、この世界すべてが生まれ、維持されているのを感じます。

今がどんなに苦しくても、すべては必ず変化して行きます。

絶望しないことが大切です。

現状への感謝と共に、すべてを生み出す波動音である「あまてらすおほみかみ　あまてらすおほみかみ」を日常の中で思うことを参考にしてください。
何かが再生を始めることでしょう。
この音は、今朝も私の胸の中で鳴り響いていました。

生かして頂いて　ありがとう御座位ます

［時代の流れ　二〇一〇年十一月一日］

# 3 自神への自覚次第です

日本語とは本当に不思議で奥深い言葉です。五つ（アイウエオ）の母音《ぼいん》（色々な意味で女性的かも知れません）で構成されている発音は、神界で鳴り響いている音とも共通します。日本語＝神界言葉とも言えます。

今朝に思いましたことは、「一寸《いっすん》の虫にも五分《ごぶ》の魂」（どんなに小さくて弱い者でも、それ相当の思いや意地を持っていること。小さくても、ばかにできないたとえ）です。日本語のことわざ的な言葉には、さりげなく真理を示唆《しさ》するものが多いです。

今の社会には自分自身のことを、一寸の虫並みにダメな奴だと思い込んで、本当に自信（じしん：自神）をなくしている人が多いです。

時が経てば消えて行く人間の外見には、一寸・二寸という見かけの違いはあります。しかし、魂の大きさは皆さん同じです。神様からの分霊なのです。魂には五分・六分の違いは一切なくて、全員が「十分」な同じ大きさなのです。

ただあるのは、魂が自覚《じかく》（気づいていること）しているか否《いな》かの違いだけです。

では、何に気づくかの違いなのでしょうか？　それは、
・自分の心に神様がいることに気づいているのか？
・たとえ自分で気づけなくても、自分の心に存在するという神様を信じられるのか？
が、各人で違うのです。これが、人間の人生に影響し、人生を変えます。

だから、私の魂と皆さんの違いは、内在神への確信具合が違うだけです。
私も生きる上で、苦難や災難や悩みも発生します（去年、雷に打たれましたから〜）。
表面ではそれらに遭ってはいても、心の深奥では常に不変で絶対安心した気持ちでいます。そして、コノ世の出来事を味わい、苦しいことにも「シビレさせてくれるね〜」と楽しんでいます。

人間は、自分の内在神への自覚を持てない限り、よそ見ばかりして迷うことになります。
死ぬ時は、身体《からだ》一つ裸で死んで行く真理を見ても、よそには頼るべきではないことは絶対なのです。よそに頼る習慣は、いざという時には大きな不安となり、必ず迷うことになります。

普段から、自分の心の良心（＝内在神）を見つめる習慣が大切なのです。感謝の先祖供

養や神祭りも、それをする自分自身を見つめる行為なのです。

コノ世で何が起ころうとも、楽しんで生きましょう。
期間限定のことですから、どんなことも大したことではないです。
絶対に大丈夫です。耐えられます。
過ぎ去れば、どんなことも良い思い出へと変わります。

生かして頂いて　ありがとう御座位ます

［自神への自覚しだいです　二〇一〇年十月三十日］

# 4 運動会は夢だけで終わらせること

（前項の感想）

イギリスの報道によりますと、イラン中部イスファハンの核関連施設で十一月二十八日（二〇一一年）に大爆発が発生したとのことです。日本の報道は不十分ですが、外国の動画に映る噴煙の大きさは、福島第一原発の爆発をはるかに超えるものです。

外国メディアは、イランへのスパイによる破壊活動の可能性があり、これが戦争へと発展しないかを懸念しています。翌日の二十九日にはイランにあるイギリス大使館が、イランの学生たちにより襲撃されています。イランの警察は、ただ静観していたようです。

私は戦争よりも、放射能汚染を心配します。これと似た事件や原発事故が、今後も発生しないかを警戒する必要があります。世界の原発と関連施設の数は、五百基に迫ります。日本では、すでに福島の原発事故を経験していますから、民間レベルでの放射線への知識と対応が、それなりに始まっています。それと何といっても、放射線への「未知の耐性」というものが、科学的ではないですが、イヤイヤながら日本人の中に育ちつつあると感じています。これは、日本の食習慣と遺伝子が関係すると感じます。

一九八六年に事故が起きたチェルノブイリの原発周辺に棲息する小鳥に、高濃度の放射線を新たに被曝させても死なない現象が確認されたという報道がテレビ番組でありました。他国の被曝していない小鳥は、すぐに死んでしまうそうです。

日本とは、不運なのか、超幸運なのか？　原爆投下を始めとして、被曝経験を何度もしています。これには、人知を超えた意味が多々ありそうに感じます。日本人が持つ、被曝への耐性力が潜在することを夢想します。

この一方で、ある報道では、中国によるパキスタンへの多大な支援と貢献が報道されています。パキスタンの官僚や民間人へのインタビューによりますと、中国からの支援は莫大な資金・物資・労働者の派遣という至れり尽くせりのものであり、パキスタンを育てようという愛情に満ちたものだと絶賛されていました。また、中国の支援により最新鋭の戦闘機の自国開発も進んでいます。

中国は、これと同じようにアフリカも「育てて」おり、アフリカからの莫大な地下資源をパキスタンからの陸路経由で輸入するためのルートを確保するそうです。

中国は、パキスタンの隣国イランが侵略されることがあれば、全力で死守するとのことです。やはり中国には、石油資源を確保したい思いがありますから、イランを守るでしょう。

中国は、アフリカ・オーストラリアという、巨大な天然資源保有地域をすでに押さえている面がありますから、その長い視点の戦略には感服します。お坊ちゃんの日本とは大違いです。

ただ、すべての背景にいるのはアメリカ親分です。

これから、アメリカ親分率いる、イスラエル・イギリス・ヨーロッパ・インド・カナダ・日本。イランを先頭に見せかける、中国・ロシア・イスラム圏諸国。この二つのグループによります、綱引き大運動会とならないように注意です。

運動会の予定表は、新約聖書（新とは人間の加筆ありの意味）に隠されていることを感じます。

ただ、ロシアは知恵が深く、アメリカ親分とも通じています。

やはり、お子様国家日本は、大人たちから小突かれながら右往左往するのが神意の守護かも知れません。さらには、震災と原発事故により、あの子は病気だからと安全なベッドにいられる可能性はあります。

以上は、ただの夢の空想です。

要は、日本人の多くが心に内在する神様に目覚めれば、多くの知恵と発明を出すことが可能なのです。そして、大人同士が綱引きをしている最中に、それを止めさせるほどの発明か発見を見せなければいけません。

イスラム教を起こしたのは、神剣を旗に持つスサノオ神です。姉の天照太御神の言葉(日本からの意見)を、聞くことでしょう。

このためには、ニートや無職で苦しむ人々も含めた日本人の多くが、自分の心の神様を自覚する必要があるのです。

生かして頂いて　ありがとう御座位ます

[運動会は夢だけで終わらせる　二〇一一年十二月二日]

# 5 絶対的なパワー

過去記事において、草薙神剣《くさなぎのみつるぎ》（神話に登場する伝説の剣）についての考察を書きました（『宇宙万象 第4巻』第四章「神剣を巡る旅　草薙神剣」参照）。その後に、尖閣《せんかく》などの領土問題を考えていた時に、興味深い啓示を受けました。それは、「日本列島＝草薙神剣でもある」ということです。

これは、私が幻視した神剣の形象に、反《そ》り具合といい矛先《ほこさき》の形状といい、実に日本列島は似ていました。菖蒲《しょうぶ》の花びらのような草薙神剣の先端は、北海道に相当します。

一方、私は過去に、日本列島自体が大きな龍神の姿であり、地球創世期のマグマの海をかけずり回って、最後に休んだ姿が今の日本列島だと書きました。まさに日本列島は、龍の形をした生き物なのです。

最近の地震の頻発は、日本列島が永い永い冬眠から目覚め始めているとも言えます。大地が目覚めますと、そこに住む人間も同調して、目覚める仕組みがあります。

日本列島は九州が大龍神の頭部であり、その先の沖縄などの島々は龍神の触覚であるヒゲに相当します。ヒゲ触覚は、物事の先行きを嗅ぎ分ける役目をします。今回の尖閣事件が、龍神のヒゲ先で発生したことは、今後の先行きを暗示するようで意味深です。

また神武天皇が、大龍神のヒゲ先を経由して龍の頭部である九州方面から入られたことも興味深いです。龍の頭を治めた者が、胴体を治めるのは容易だったのです。

そして北海道は、大龍神の大きな尾びれに相当します。

名古屋城の天守閣は、立派な金のシャチホコが有名ですが、日本列島の大龍神を立体的に見ますと、シャチホコのような姿にも感じます。大きな北海道の尾びれを起立させた聖獣シャチホコです。

昔はよく大空に、金色のシャチホコを幻視していました。それを観た後は、いつも嬉しいことがありました。日本の霊的磁界に特有な、神気エネルギーの象徴を意味するようです。

また、尾びれが起立する様は、神話の天《あめ》の沼矛《ぬぼこ》（『宇宙万象　第1巻』第一章「神話の転写　前・後編」参照）を想起させて興味深いです。これはインドでのシバ神信仰における、リンガ（男性器）信仰とも共通する、地球創成期の爆発的なエネルギーを象徴するようです。

日本列島は五大陸の地殻の接合点に存在し、地球のマグマのフタの役割もしていると感じます。この日本国の動きが、これから世界に対して地殻的にも、心の目覚めの点でも影響をすることでしょう。

あまり日本列島をイジメないほうがよいと思いますよ。ハクション大魔王が、ジャジャジャジャーンと飛び出るかも～。

生かして頂いて　ありがとう御座位ます

[絶対的なパワー　二〇一〇年十月五日]

## 6 内在神を信じれば強くなれる

他人からイジメられている、悪口を言われている、と悩む人が多いです。しかし、これではダメなのです。

何がダメかと言いますと、自分の心の神様に対して申し訳がないのです。イジメられても、悪口を言われてもよいですから、**それを受け取って自分の心を傷めるのがダメなのです。**

本当に真から自分の心の内在神を信じることができれば、何を言われても絶対に傷つくことがありません。

日蓮《にちれん》さんなどは、天照太御神との一体感を強く「信じて」いましたから、何度も首を斬《ざん》首《しゅ》（首を切断すること）されそうになりながら執行されませんでした。神仏と一体となり、国を救おうとする自分を殺せるわけがない！　と、日蓮さんは子どものように信じていたのです。その強い信心により、斬首の執行人が刀を振り上げた時に、何度も日輪の光が現れて妨害をしたのです。これに恐れおののいた幕府の役人は、刑の執行を中止しました（『森

羅万象8』第四章「日蓮の本意　前・中・後編」参照）。

私たちも、多くの先祖を癒《い》やし救い、神様に対して感謝の参拝をし、自分の心にいる創造神を大切にする限りは、日蓮さんとまったく同じです。


イジメられても、悪口を言われても、相手に必ず反射しています。悪口ならば悪口が相手に返り、愛情ならば愛を相手も自分も「受け取る」ことになります。

要は、自分が純水（純粋）な鏡になればよいのです。鏡に成り切れない限り、反射できずに自分で受け取って苦しみます。自分が純水な鏡になるためには、自分の心の神様を信じる強さが大切なのです。

人体は、水分で構成されます。心身を浄化すれば、霊的に純水な鏡と成り得るのです。


自分の内在神を信じる「信心力《しんじんりょく》」は、その人の人生を変え、運命を改善させます。思う以上に変わる時は、人は変わります。

なぜなら人間は、創造神を心に抱えているからです。心で想像することができる人間は、創造神を内包するから想像できるのです。色情や金の想像もよいですが、やはり自分たちが生かされている原点への感謝を絶えず想像すること（感謝想起）が、実践的な創造力を強化します。
もっと、自分の心の神様を信じましょう。他人からの悪口やイジメなどには、ビクともしない自分が現れることでしょう。

生かして頂いて　ありがとう御座位ます

[強く生きる　二〇一〇年十月三日]

# 7 原因は意外なものが常です

今朝の神示では、人間のＤＮＡ遺伝子についての新しい概念を教えられました。

今、地球の天候や海流・森林などの自然環境の異常と破壊が言われています。これらの原因として、人間が出す様々な公害に大きな原因があるとされています。

しかし神示では、人間の遺伝子から常に出ている波動が、大自然を大きく動かす原因にもなっているとのことです。森林が弱体化して枯れるのは、人間の遺伝子のユルミという異常が関係するのです。


長い世紀をかけて誕生した人間の遺伝子とは、形を変えた自然界の重要な一部なのです。

それも自然界の状態を決めるリーダーシップ的なヒナ型の役割をしています。

つまり、その国の森林や自然環境を見れば、その国に住む人間の遺伝子の健全具合がわかるとも言えます。逆も言えます。

砂漠の国にも、その国なりの風や砂の動き、天候などに本来の大自然の健全さがあるわけです。自然環境が悪くなったから、人間の遺伝子が悪影響を二次的に受けるのではなく、人間の遺伝子の状態が一次要因となっている場合があるという意味です。

**つまり、私たちの内面世界・遺伝子を改善することにより、地球を救うことができる可能性があるわけです。人間の遺伝子を正常化すれば、その副産物として自然界が生気を取り戻し始めると言えるのです。**

ここで大切なのが、先祖供養の概念なのです。西洋の信仰は、先祖供養の概念が欠落しているか薄い信仰が大半です。西洋文明の破壊的な面は、実は遺伝子の元である先祖霊へのケアサポートの不足に、その原因があるとも感じます。

日本が世界を救える国になれる素質があるのは、実は先祖供養の素養があるからです。人類の遺伝子をククリ治すかも知れません。釈尊がまったく知らない、言ってもいなかった先祖供養を、仏教の中に無理やり生み出したのは日本仏教です。仏教という名前を借りた、もう独自な日本の信仰です。

これを陰から誘導したのが、日本国の国魂《くにたま》（国土の魂。日本列島の大龍神）である国常立太神（クニトコタチオオカミ）です。鎌倉時代にワザと外来宗教である仏教を爆発的に流布させて、自然崇拝だけの国であった日本に、個人の魂を癒やす概念を普及させています。

ただ、いまだに未完成な信仰の面があります。自然崇拝と個人の供養が、今までの日本では分けられてきました。神道と仏教というように、別物にされているのです。しかし、これでは遺伝子をククリ治すことができないのです。

太陽神であり魂の親である天照太御神（アマテラスオホミカミ）を祭事した下方で、個人と先祖の魂を癒やしケアすることで、遺伝子の霊線のククリ治しの革命が起こります。

これに気づいて挑戦したのが、日蓮さんでした。御本尊である大曼荼羅《だいまんだら》の文字構成を見ればわかります。しかし、志《こころざし》なかばで終わっています。

ミツバチを見ましても、女王バチ（天照太御神）が必須なのです。無限に子どもを生み出し続けます。ハチの生態には、六角形象を含めて宇宙の基本が反映しています。

今の科学が進歩すれば、私のつたない表現の意味が理解されることでしょう。

まあとにかく、感謝の先祖供養は大切だということなのです。

生かして頂いて　ありがとう御座位ます

［原因は意外なものが常です　二〇一〇年十一月二十七日］

# 8 眼が開いた人になれます

（前項の感想）
果実が生《な》ったり、受粉して花が咲くためには、ミツバチの仲介が必要な場合があります。自然界には、持ちつ持たれつの関係が存在しています。要は、意外なモノが、必要不可欠なケースが多々あるのです。

**人間社会や家庭でも、弱者の人がいる御蔭で、強者が成り立つのです。**

会社でも、社員のお荷物だと思われていた人が消えますと、その会社の運気が変わる場合があります。意外な人間が幸運のキーマンだったということが、いなくなって初めてわかるのです。家庭でも、世話のかかる老人が世を去った後で、子どもが悪い方向に変わっていくこともあります。老人が親子関係を中和していたのです。

とにかく、人間が「認識できていない」、なくてはならない相互関係の法則が、コノ世にはまだまだ無数に存在すると感じます。

自分が認識できていないことは、知らずに無くすことがあるのです。これは怖いことなのです。ここで、日本で古くから言われます「御蔭様で」という気持ちが大切です。

ミツバチが絶滅すれば食糧危機にもつながるような、意外な不可欠の関係を、全体のまだほんの数パーセント分しか人類は認識していないと神示は示します。これは畏るべきことです。人類は、目隠しをしたまま走り続けているのが現実なのです。

もし人類の五パーセントが眼の開いた人になれば、全体がオセロゲームの反転のように変わります。眼が開いた人とは、何がおわすか知らないが、何かの御蔭様だと素直に思える人間のことなのです。

生かして頂いて　ありがとう御座位ます

［眼が開いた人に成れます　二〇一二年一月四日］

# 9 みんな亀に乗っています

先日、『伊勢白山道Q＆A事典　読むだけで人生が変わるたった一つの方法』㈱経済界、二〇一〇年刊行、絶版）に載せるイラストのイメージを描いていた中で、伊勢神宮の参道の仕組みを説明した過去記事の内容を、ユダヤの秘教カバラーで伝えられる「セフィロト：生命の樹」の図と合わせて、新しく解釈した図形を考えていました。この時に神界から降ろされた感応では、まったく新しい概念が浮かび、私自身が感動をしました。

セフィロトの中に隠された十一個目の霊的ポイントには、神気を表す六角形象が隠されていました。そして全体の図は、大亀へと変化したのでした（『宇宙万象 第2巻』第一章「鳥居の秘密」参照）。

いったい、何のこっちゃ？　でしょう。要は、人類は浦島太郎だったのです。

『日本書紀』や『万葉集』にも記載があるこの伝説の一番重要なポイントは、時間の変化を伝える話だということです。とにかくコノ世では時間が変わることを知らせています。

## 【セフィロト：生命の樹の図】

ユダヤの神秘思想カバラーのセフィロトとは
旧約聖書の「生命の樹」です。
エデンの園に知恵の樹と共にあるとされます。

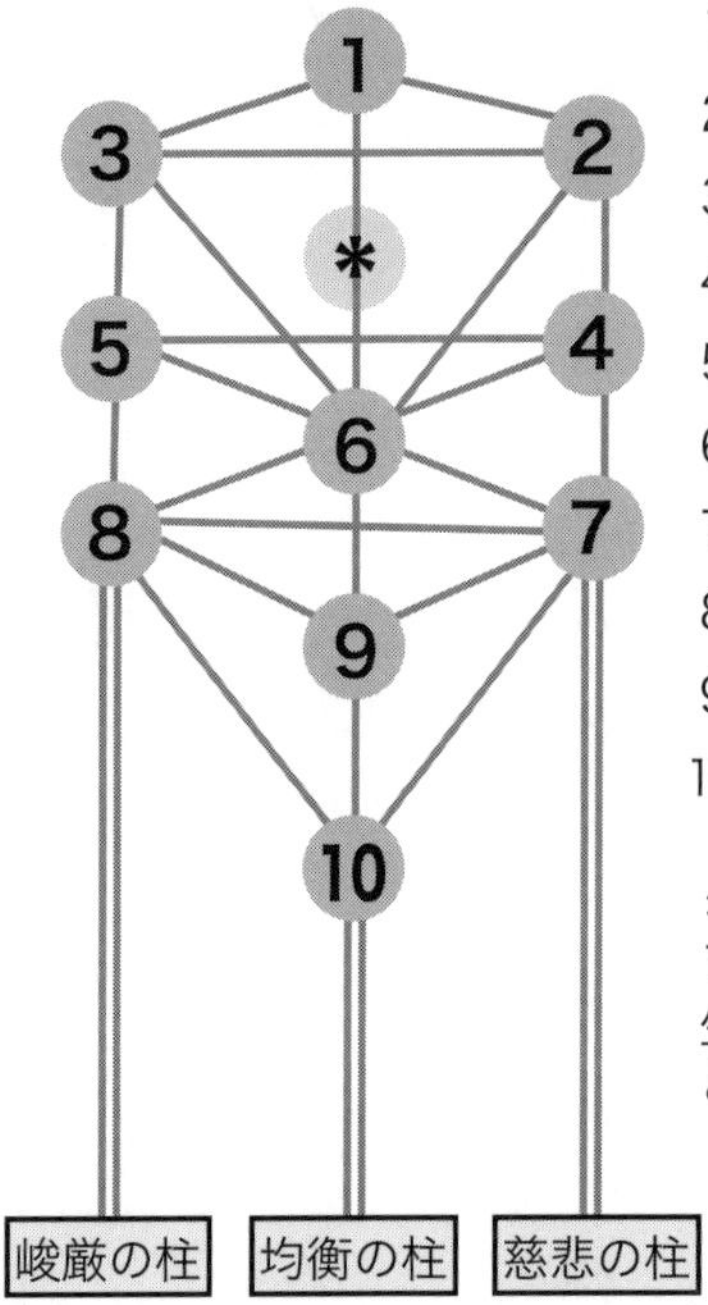


1 Kether ケテル(王冠)
2 Cochma コクマ(知恵、叡智)
3 Binah ビナー(理解、知性)
4 Chesed ケセド(慈悲、恩寵)
5 Geburah ゲブラー(峻厳、勇猛)
6 Tiphereth ティファレト(美、荘厳)
7 Netzach ネツァク(勝利、永遠)
8 Hod ホド(栄光、威光)
9 Iesod イェソト(基礎、根源)
10 Malchut マルクト(王国)

＊ Daath ダアト(知識)
11番目の隠されたセフィラは
生命の樹の上の次元にある神秘
とされます。

伊勢へはモーゼや古代ユダヤ教の聖職者が来ていたと感じます。
また、3つの柱には、太古の白山の3本の石柱の意味を感じます。

これらを独自に解釈した図が【神界を目指す大亀の図】です。

## 【神界を目指す大亀の図】

亀は深海（神界）からの神さまのお使いです。
正中を意識した参拝で、神へと近づく仕組みです。
厳しさと愛情を持ち、神に至る道とも言えます。

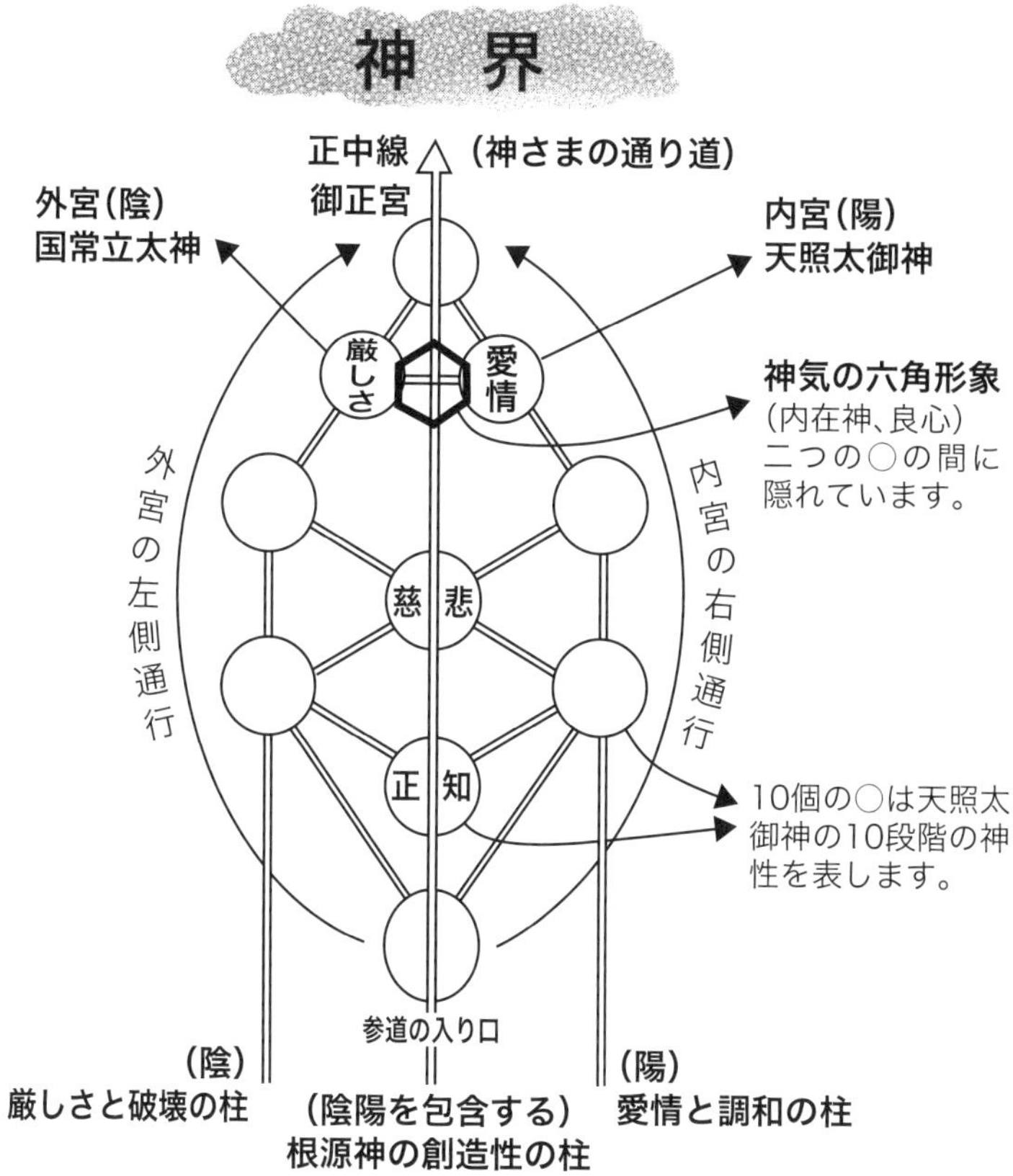


『伊勢白山道 問答集 第3巻』（電波社刊）より転載

**伊勢神宮の参道の入口**

浦島太郎は時間による変化を伝える唯一の神話です。
この世は時間と変化がある特別な恩寵の世界です。
人類は浦島太郎だったのです。

コノ世以外の次元では、時間は無いのです。

時間が無いとは、変化が無い、非常に変わることが難しい、と言えるのです。

今の私たちの生活はどうでしょうか？　さっき泣いていた人が、もう笑うこともできる次元です。とても自由な変化に富みすぎる次元です。

これは、実は宇宙全体から見ますと、とても稀有《けう》なる神様の恩寵《おんちょう》（恵み）の世界であり、非常に特殊な限定された次元が今であることを意味しています。

もっと言えば、創造神と魂が一つの肉体に宿る次元は、コノ世だけなのです。


人間が悩み、心が満たされないのは、永遠なる母性を求める飢餓感が意識の根底にあります。これを満たそうとして、人類は異性や他人や物に「やすらぎ」を求めるのですが、これは錯覚なのです。

もうすでに自分の中に、求める創造神がいたことに気づくだけなのです。これに気づければ、どこにも行く必要がないし、悩み慌《あわ》てることもしません。いつも大安心で、コノ世の喜怒哀楽を「楽しむ」ことができるのです。

今が悲しいですか？　苦しいですか？

でも、絶対に大丈夫なのです。ノドがよく乾いた後のビールは、とても美味しいのです。

何があったところで、次の世には、自分の心一つだけしか行けないのです。だから、現状に感謝して生きていきましょう。

そして、その苦しみ楽しみを眺めて生きましょう。

これを楽しまないことほど、もったいないことは宇宙にはありません。

生かして頂いて　ありがとう御座位ます

［みんな亀に乗っています　二〇一〇年十月二日］

## 10 良い偶然も今から創れる

ノーベル化学賞を受賞された（二〇一〇年）鈴木章氏は、対談番組において人間には「セレンディピティ（serendipity）」の能力が大切だとおっしゃっていました。

セレンディピティとは、何かを熱心に探している時に、それとはまったく別の価値あるものを発見したり、それに「気づく」能力のことです。

例えば私たちが、結婚や就職などを求める時、それへの活動ばかりに囚われがちですが、その活動をしている時も生活をしているわけです。その中で、他人からの思いやりや、他の価値あるサインは、**常に自分に降り注いでいます**。

目的以外の大切なことに気づいたことが自分を改善させ、それが顔や態度に表れて、偶然という幸運を呼ぶことがあります。セレンディピティとは、偶然を起こさせる・幸運を呼ぶ能力でもあります。

つまり、目的に邁進《まいしん》しながらも、幅広く心のアンテナを広げて、大きな視点で眺めている自分を持つことが大切です。

霊的な意味では、偶然とはないのです。そう成るべくして成るのです。偶然＝必然（必ずそう成ること）なのです。

ここで勘違いするのは、未来も必然で決まっていると思うことです。未来は白紙です。過去と今の自分の思いと行動が、偶然という必然を未来に呼びます。だから今、現状への感謝の磁気を置いていくことは、とても大切なのです。これから良い偶然を呼んでいくことになります。

だから偶然は、自分で創造できるわけです。

**セレンディピティ能力の大切なもう一面は、失敗を失敗に終わらせない能力でもある**と、もう一人の受賞者である根岸英一氏はおっしゃっていました。失敗は、色々な気づくべきサインに満ちているのです。だから失敗は、幸運へつながります。

「いや、そんなことはない。自分は失敗ばかりだ」と思う人はいるでしょう。それは、自分が思いも付かない足りないことがあるのです。それが、愛情力や感謝力の「欠け」であることが、人間には多いのです。

だから、感謝の先祖供養などは、まったく先祖供養とは関係のない良い効果を、生活やは目的を援助することになります。

と言えます。自分の目的とはまったく関係がない、感謝磁気を充電する行為は、最終的に

目的の中で良い偶然を、引き起こさせるのは必然なのです。「逆からのセレンディピティ」

---

世の中の人が損をしているのは、目的があれば、祈願や祈りも目的に直接に向けなければならないと思い込んでいることです。

これは大間違いなのです。

二つのベクトルが同じ向きを指しても、静止するだけで霊的に動かないのです。目的とは、まったく関係がない感謝磁気を積めば、陰陽のバランスが取れて回り出すのです。

このことは言語表現の限界があります。わからない方はスルーしてください。

要は、

1. 目的以外にも、絶えずアンテナを張ること。

2. 失敗からも学ぶこと。

3. 現状への感謝磁気を積むことが、アノ世にも持ち越せる財産であること。

などを、心の隅に置いておいてください。

生きている限りは、全員が可能性に満ちています。
変わる時は、一瞬で変わって行きます。

生かして頂いて　ありがとう御座位ます

［偶然も今から創れます　二〇一〇年十一月二十一日］

## 11 大切な心に気づけば変われます

（前項の感想）

私たちが仕事や試練、家族や他人との関係を通じて、「大切な何か」に気づくこともセレンディピティです。「大切な何か」とは、やはり愛情や思いやりの心・感謝の心に気づくこと、さらには自分がそのような心を持つこと、だと思います。

これに気づけるまで、色々な迷いの課題が起こることでしょう。

ただ、これに気づいても、生きる限りは嫌な課題は発生するのです。しかし、自分の心（内在神）の痛め具合がまったく違うのです。これが、その人の人生の真の幸福度を分けます。死後にも通じることです。

太陽電磁波の研究を熱心にしていて、ふと、大地震との相関関係に気づくのも、セレンディピティ能力と言えるかも知れません。

昨日に、日本が観測する静止軌道電子に乱れが発生していますので、今日の午後から明日にかけて、実際にどのような地震が発生するのか、しないのかを静観しましょう。

アメリカの大地震リークサイトが、三十一日から高い判定を関東圏に出しています。

しかし、**災害も多くの人間で注視する間は、必ず無難へと改善します。**


私たちの今生は、今回の条件（性別・家系・両親・健康……）では初めての人生だということを忘れてはいけません。誰でも今の人生は、かけがえの無い一度切りなのです。

自分が世に生まれ出た時点で、過去生は宿命（初期設定・条件）として完結して終わっています。後は期間限定の時間内（人生）を、自分の好きに自由に歩いていけるのです。

わざわざ自分を過去に縛り付けてはいけません。

自分を押し込めているのは、自分の自我（我良し・我欲・見栄）なのです。


人間は、自分の心の内在神を意識すれば、全員が必ず救われます。

親鸞さんがおっしゃった阿弥陀如来は、「すでに」自分の心に住んでおられるのです。

生かして頂いて　ありがとう御座位ます

［大切な心に気付けば変われます　二〇一一年十二月三十一日］

## 12 太陽の世紀の始まりに向けて

過去の啓示では、昭和で龍神の世紀は終わり、平成からは鳳凰《ほうおう》（つまり火の鳥、不死鳥）の時代だとありました。

龍神の世紀とは、過去記事でも説明したとおりに、石油文明の世紀でした（『森羅万象5』第四章「原油の元は恐竜の血液」参照）。これが火の鳥に変わるとは、やはり太陽の世紀がこれから始まるのです。これの霊的転写を受けて現実界では石油から変わり、太陽光発電や電気自動車が順調に普及を始めています。

やはり神様の意志が最初にあり、大きな流れが生じています。だから、コノ世や人生で何が起ころうとも、魂のレベルでは最終的に絶対に大丈夫なのです。人間の心におられる神様に、すべてを見て頂いているからです。

光ファイバーにしても、光の技術ですね。限られた金属や原油をめぐって戦争や領土問題が起こっていますが、これもまさに龍神時代の遺物です。

日本が火の鳥の世紀の反射を受けて、太陽文明（消えた前文明）を再興《さいこう》させることができれば、「レアメタル？　要りませんよ。石油？　まだ使っているのですか？（苦笑）」と、世界を本当に平和にすることが可能となります。

伊勢神宮に行きますと、そこら中に白い火の鳥がいました。鳥居《とりい》とは、神の「鳥」が今のここに「居」ますよと知らせる目印です。参道には、ニワトリが闊歩《かっぽ》しています。神官の白装束は、まさに鳥の姿を模写しています。高位な神官ほど、尾の長い鳥装束で表現されます。

遷宮寄付と大々神楽《だいだいかぐら》の奉納をさせて頂いた時、いつもの大きな待合室ではなく個室に案内をされました。そして巫女さん直々に抹茶と神宮の落雁《らくがん》の接待を受けました。日本建築の粋を集めた素晴らしい部屋に置かれていた置物も、日輪とニワトリでした。おそらく高名な作家の作品だと思いますが、生きているようでした。

そして、大々神楽で祝詞を奏上する神官装束の尾が長いのには驚きました。二メートル以上はありました。まさに立派な火の鳥を私に想像させました。

これを見た時に漫画家の手塚治虫氏は、伊勢神宮の神楽を見て不死鳥（フェニックス）のヒントを得たのかも知れないと夢想しました。

要は日本神道は、新しい文明の到来を太古から示唆《しさ》して、形に表現していたのです。伊勢神宮と全国の氏神神社がこれからも〝維持されておれば〟、日本の研究者は神様からの啓示を気づかないうちに受けて、新しい太陽光文化を起こすことが可能です。

神示では、光と液体を用いて、希少金属の代用をする物が開発されると示されます。その性能は、鉱物資源では絶対に得られないほどの価値を持つようです。

未来を明るくするのは、この言葉です。それは、

生かして頂いて　ありがとう御座位ます

［太陽の世紀の始まりに向けて　二〇一〇年十月二十五日］

## 13 ええじゃないか〜

今朝の太陽に手を合わせますと、「不自由も楽しむ」と浮かんで来ます。

考えてみますと、私たちの心が期間限定で有限な肉体に降りて来るのは、不自由を体験したかったとも言えます。わざわざ不自由の中に自分を置いて、それでも自分が何を思うか、何をするのか？　何ができるのかを、自分自身が知りたかったのです。

登山家が険しい山に登ることがやめられないことにも似ていますね。私たちも人生がどんなに嫌でも、また生まれ変わって挑戦したいとアノ世でなるのです。それほど時間がないアノ世は、退屈なのです。

嫌な会社や学校に行っている間は、たまの休みが本当に嬉しいものです。しかし、失業やひきこもりで家にいる間は、毎日が苦痛でしょう。あれほど欲しかった休日が、自分の命も殺しかねない苦痛に変わるわけです。

子どもの頃は、親から百円玉をもらうと嬉しくて、近所のお菓子屋さんに走ったものです。家から一万円札を盗んで、他の子どもにお菓子を配る少年がいましたが、お菓子を買っても嬉しそうではありませんでした。お菓子が過剰で、有り難みが薄れていたのでしょう。たまの百円玉が、私に買える喜びを教えてくれました。不自由なことこそ、人間に喜びと、改善するための進化・成長を起こしてくれます。

紙に印刷されたお金をめぐって、大のオトナが真剣に阿鼻叫喚《あびきょうかん》しているのは、子どもや、神様の目線には滑稽《こっけい》なものでしょう。

でも、この不自由なゲーム（人生）を体験している間は、その紙（カネ）の束縛のルール内で真剣に悩むのが「エチケット」なのです。冷めた目で人生ゲームをしても、それは成り切っていない罰があります。周りのゲーム参加者には、迷惑にもなりかねません。せっかくのゲームがつまらなくならないように、真剣にゲームに「興《きょう》じる」（楽しむ）ことが大切です。

嫌なことさえも、「シビレさせてくれるなあ」と冷静に見ることができれば大丈夫です。これが一番、嫌なことが去る秘訣です。

この日本の国とは不思議な国で、百五十年の間隔ぐらいで伊勢神宮へ多くの国民が参拝する現象「ええじゃないか」運動が自然と起こります。今からがちょうど、その時期に来ている感じです。

今朝の太陽から感じたことは、まさに「良いではないですか～」の波動でした。「ええじゃないか」とは、まさにこの言葉通りに受け取ればよいです。

東京弁では「いいじゃん」、関西では「それで、ええやんか」でしょうか。バカボンのパパは「これで、いいのだ～」でした。

前向きに歩きながら、すべてを肯定《こうてい》（認めること）する絶対肯定とは大切な視点です。

この限られた期間限定の人生では、お得な目線です。右往左往するよりも、最善の道を歩かせます。

もし貧乏に苦しむ人がいても、その中でも楽しむ視点を忘れなければ、大丈夫です。

力みを抜いた時に、具体的な行動が出ます。

やはり、コノ世は現状への感謝磁気の蓄積が、その人の先行きを分けます。

生かして頂いて　ありがとう御座位ます

［ええじゃないか～　二〇一〇年十一月十九日］

# 14 お天道様が見ている

（前項の感想）

今朝の太陽を拝しました時に感じたことは、地球から見える火星や金星などにおける文明の興隆と、その終焉《しゅうえん》の様相でした。

超太古における太陽の大きさと、それぞれの惑星間の距離は、今とは違うようです。今は不毛の惑星に見えるそれぞれの天体にも、地球と同じような生命誕生のサイクルが存在したことを幻視します。

火星や金星の文明の最後は、核戦争の前に地下世界に逃れて生き延びていた住民もいましたが、最後は太陽から発射された超巨大な太陽嵐（ソーラーストーム）により、超近代的な地下都市群も惑星から消えています。その惑星全体が内部から煮えたぎるルツボと化したのです。

その時、生命たちは一瞬にして肉体を亡くし、無痛のまま全生命が霊体の次元へと自動的に移行しています。そして、続きの生活をしています。その霊体の生活は、今の火星や金星にも存在しています。

地球の未来も同様に、太陽様のほうから次の次元へと連れて行ってくれるかも知れません。霊体の次元に移行した時、心の状態が中心になります。今の肉体を持つ世界のような、本心を隠した厚顔《こうがん》によるウソや犯罪ができなくなります。

だから、今の地球生活の中で、現状の中で感謝しながら自分の良心に沿って生活していればまったく問題はないです。太陽により無痛のまま一瞬にして、次の新しい次元の環境内での生活がもたらされると感じます。肉体を失くせば、貧富の差も関係ありません。

今の色々な問題（災害・経済・人間関係……）があるのは、私たちの良心を試している・発揮させるための仕組みに過ぎないのです。だから、この仕組みに執着せずに、自分の良心を維持することがすべてなのです。

最近は世界中で原因不明の停電が頻発《ひんぱつ》しています。日本でも小規模ですが発生しています。やはり太陽電磁波の影響を監視する必要があると思います。

昨日も、地球の周囲での静止軌道電子の乱れがあります。今日からも「中規模」の防災意識を持って静観しましょう。

アメリカでは天気予報のニュースでも、太陽嵐の影響を注視しており、ＮＡＳＡも随時論文を発表しています。日本は、まだ知らない状態です。今の時点では、来年（二〇一二年）の八月頃から大きめの太陽嵐が地球に向けて発生し、世界中で太陽嵐の危険性を認知することになるかも知れません。

キリスト教も含めて、世界中の信仰が太陽信仰だった痕跡を見ましても、太陽様がすべてを観ているという気持ちが大切です。

自分の良心（ミニ太陽）を大切にして生きれば、すべてが大丈夫なのです。今の思い通りにならない人間生活も、自分の良心を試すための大切な仕組みなのです。どこにも逃げる必要はありません。今の生活を大切にしましょう。

以上は、私の脳内での想像ですから、ご自分の良心で解釈して頂ければ幸いです。楽しんで頂けましたか〜？（笑）

生かして頂いて　ありがとう御座位ます

［お天道様が見ている　二〇一一年十二月二十九日］

## 15 神様も孤独を解消しようとします

人間は、自分の心に宿る良心《りょうしん》（両親、両神、一つなる根源的な内在神）を意識しない限り、生きる間は孤独感が続きます。何をしても、何を得ても、直《じき》に飽きてしまい心が満たされることがありません。

しかし、自分の心の内在神に「気づくべきだ」と言われましても、自分にはわからないし、気づけないから難しいなと思うものです。でも、これで良いのです。

たとえ気づけなくてわからなくても、自分で内在神を「意識する」ことは誰でもできます。そのような考え方があるという知識を持って、**心に最高神がおられることを意識すれば、自分の生き方が自然と変わります**。これはすごいことなのです。霊的な革命と言えます。

また、隠れて愚かな行為をする他人を見ても、自分の神様に悪行を見せて報告しているのだね、と静観できます。

心の神様を意識した生活をしますと、段々とムダな心の漏電が減り、心の実現力が増して、人生は改善を始めます。

この宇宙では、自分の心の神様に気づけない限り、深い意味では孤独とは皮肉なことです。たくさんの家族に囲まれて幸福に過ごしていましても、必ずすべては変わり行き、一人で次の世（夜）へと旅立つのです。自分の心以外は、すべて変わって行きます。

実は一つなる根源存在も、孤独だということなのです。

＊私たちが面会している家族や他人は、自分の本心を映す・映される鏡です（映す：うつす。**動**体への転写）。
＊神社や神棚・先祖供養の寄り代（短冊や位牌のこと）も、同じく自分の心を写す鏡です（写す：うつす。**静**体への反射）。

これと同じくして、根源存在も自分自神を観るために、根源の反射（宇宙、特に人間）を見たいのです。だから、根源神の反射で発生した私たちの心には、内在神がいます。

私たちは神様と共に、色々な体験をしています。


二〇〇七年五月の、伊雑宮での神示（『森羅万象 2』第三章「これからは内在神の時代」参照）、「**縦《たて》の流れが、神の前に横一列に並ぶ**」とは、これから人類の心の中で、神様と対面する気づきが起こり始めることでもあります。

人類が主従関係の縦の社会、つまり縦に並んでいる状態では、精神的に先頭に立つ人間にしか神様は見えませんでした。後ろに並ぶ人は、その前にいる「他人の背中」しか見えずに、漏れ聞こえる神様の話を聞いていたのです。また、自称の先頭に立つニセモノ人間が多く、正しい先導者が異常に少なかった悲劇が人類にあります。

これが神様の前に横一列で対面することになるとは、人類が自分自身の心の神様に気づくことを意味しています。

楽しい心の時代が、始まります。現状を神様と共に楽しみましょう。

生かして頂いて　ありがとう御座位ます

［神様も孤独を解消しようとします　二〇一〇年十一月四日］

# 16 あせらなくても大丈夫です

（前項の感想）

時間とは、見られるものなのでしょうか？

子どもに「時間って何？」と聞きますと、「円盤に数字が並んでいて、針が動いていくんだよ。カチカチと音もするよ」などと言うかも知れません。現代人にとっての時間とは、「動いているモノ」「流れるモノ」というイメージが染み付いています。

時計の原型は、太陽の動きです。古代人は太陽（＝神）の位置を見て、生活していました。太陽の動きが時間だとしますと、機械仕掛けの時計の時間とはかなりイメージが変わり、ゆったりとした気持ちになれます。

現代人は、カチカチという機械の時間により安心感が秒殺されて、「幻の時間の存在を心に植え付けられている」ようです。

太陽（＝神）の「位置」が時間ならば、時間とは本当に流れているモノなのでしょうか？

では、太陽が消えれば、時間も消えるのでしょうか？

地球の自転が止まれば、時間も止まるのでしょうか？

アノ世にないものは、肉体と時間です。だから、時間を見られるとすれば、それは消え行く肉体のことだと感じます。

本当に、「時間＝肉体」なのです。時間を立体化させた結晶が肉体です。つまり、肉体は時間の影響を受けますが、心は時間の影響を受けません。受けると思うのは、植え付けられた錯覚なのです。

皆さんが三歳の時の心と、今の心は、まったく同じです。成長も退化もしていない、不変なままなのです。

時間が存在すると信じますと、死というものが怖くなります。先の仕事も心配になりますし、家族の行く末も心配します。

それはカチカチ機械にダマされています。しかし、心には時間が存在しないことを知れば、コノ世に勝者も敗者もいないことがわかります。

コノ世とアノ世の二つを合わせて、昼夜の一日が成立します。すべての帳尻は、公平に厳正に必ず合います。**コノ世（半日）だけの視点で生きますと、悪人の豪華な生活を見て勘違いをします。**

神示では、半日だけの視点では「気の毒が出ますよ」「歩む道を間違いますよ」と示されます。

カチカチ時間（文明）に惑わされてはいけません。時間にダマされますと、あせってカチカチ山に向かいます。

自分の良心（内在神。時間が無い永遠）を信じていけば大丈夫です。

あせる必要はないですから、自分の良心と共に生きましょう。

生かして頂いて　ありがとう御座位ます

［あせらなくても大丈夫です　二〇一一年十二月七日］

## 17 自由の厳しさを知ること

今朝に浮かんで来ましたことは、「穢《けが》れた言葉を使うのはやめましょう」ということでした。

いよいよ、「言霊《ことだま》の幸《さき》わう国」（言葉が幸福をもたらす国。言葉が威力を発揮する国）の時節に、日本国土が入ったようです。

陰で他人の悪口や噂話をするのは、自分自身が幸運をなくして損をしています。いや、そんなことはない。あの悪口が大好きな人はピンピンしていると、思う人はいるでしょう。でも、これから善悪の反射が現れる速度が増しますから、この法則を自分で見て認識できる機会が増えます。

悪いことをすれば、すぐにその反射が他人にもわかる形で本人に起これば、誰もがイマシメを認識できますが、水面下で起こっている反射を生きる人間は認識できないものです。そうしますと、悪い者が勝つような間違った絶望を人間はするものです。

・そこで、自分も同じく悪いことをしようと思う人と神様の存在までも否定する人。

・これとは逆に、それでも自分は良心に従って生きようと思う人とに分かれます。

**コノ世は、自分の魂の本性《ほんしょう》や本音を試される世界でもあります。**つまり神様の計画としては、反射を遅らせることや、あやふやに見せておくことは、ある意味では「人間の本性をあぶり出すための」神意だったのです。これは、神様が姿を見せない理由でもあります。

私が姿を見せずに、ブログの内容だけで人々の賛同を得ることができるのも、賛同ができる読者自身が素晴らしい御方だからです。心が素直な読者が多いことに、私自身が助けられています。

コメント欄で相談されて、私が冷たく突き放すことがあっても、それでも読んで頂けるのは、その読者自身が持つ神縁を感じ取っておられるとしか言えません。

ここで私たちは、人間の自由について考えることが大切です。

私たちには、悪くなる自由も神様から許されているのです。コノ世の期間限定の世界では、自分の良心（内在神）を押し殺す自由も与えられています（天岩戸《あまのいわと》隠《がく》れ）。

**さあ、あなたは何をするのか？　何を思うのか？**

**すべては「神様の腹の中」で、私たちは自由を試されています。**

本当の真相は、絶対に大丈夫な中で、ハラハラドキドキを試されています。

やはり期間限定ならば、どんな苦労があっても、最後まで自分のプライドと良心を守り抜いて死んで行きたいものです。

「兵隊さんは死んでもラッパを離しませんでした」という日本人らしいプロパガンダ（悪い作為的な宣伝）が戦争中にありましたが、これを良い意味で言い換えて、「死んでも自分の良心（内在神）を離しませんでした」が、現代には必要だと思います。


魂は死にませんから、コノ世で悔いを残さないようにがんばりましょう。

死後の続きもあることを、思い知るべきです。

生きていても、死んだ後も、この言葉が宇宙に貫徹しています。それが、

生かして頂いて　ありがとう御座位ます

［自由の厳しさを知ること　二〇一〇年十一月五日］

# 18 みんな挑戦中です

（前項の感想）

あの人は霊性が高い、崇高な魂だ、次元が高い……などなどと精神世界では表現します。そんな表現を聞かされますと、自分にはない特別な何かを一般の人は想像するものです。しかし、**最高の霊性とは、「愛情が深い」「情け深い」「思いやりが深い」ことです**。要は、オバチャンのような母性の強い人間は、みな霊性が高いのです。

良い経営者には、オバチャンのような男性がいるものです。人を育てることに喜びを感じています。これを自然な本能で思える人は、霊性が高いのです。育てる一方の神様の霊性に近いです。

面会して、目に見えない奇異を主張・自演して集金する悪徳先生の霊性は、非常に低いのが霊的な真実の実態です。現実社会で苦労（修行です）されている一般人よりも、とても低い霊性なのです。


東洋・西洋を問わず、王様の出てくる昔話には、宮殿の中にいて楽すぎる生活に飽きた王様が、お忍びで庶民に扮して下町を冒険する話が多いものです。水戸黄門などもそうです。

生きる私たちも同じなのです。アノ世から、不自由と、イメージがすぐに実現しない「産みの楽しさ・苦しさ」「その過程」を自分が体験したいがために、コノ世に来ています。

アノ世は、「自分が持つイメージ（想像）が即実現する世界」に魂が停滞すると言えます。その魂が、本能で思う世界が出現し、同種の似た性質を持つ魂同士が引力に引かれるように集まります。その状態に永くいますと、やはり飽きますし、違う状態を目指したくなるのです。

コノ世が、もし人類がイメージした世界が即実現する次元ならば、地球は何日間の平和を維持できるのでしょうか？　子どもに核爆発のスイッチを持たせるような危うさが、今の人類にはまだあります。人類の精神性が、熟成するのを待つ必要があります。

ただ、言えますことは、人類の精神性が上昇すれば、イメージが即実現するという次元へと変わって行く設定が宇宙には存在していると感じます。この兆候として、時間感覚の加速化があります。

人間が感謝を「する」とは、自分から出す視点、与える視点であり、神様の視点と同じです。「クレクレ」「欲しい欲しい」の祈願とは、真逆の性質の霊性です。

赤子でも、オシメを交換して欲しい時は、合図や催促を自ら「出す」ものです。ただ受け身で、神様からオシメを交換してもらうのを待つ思考ではいけません。

コノ世は、自分から感謝の気持ちを「出す」ことで、逆に何かが与えられる次元です。「自分の今の現状」に生かされていることに感謝ができれば、その人は、次の状況へと進んで行けます。

生かして頂いて　ありがとう御座位ます

［みんな挑戦中です　二〇一一年十二月八日］

## 19 誰でも光ります

人というものは、与えられた現状の中で輝くことができるのかどうかを、自分自身で試しに、アノ世から来ているのです。

人によっては、十歩でも歩くことが挑戦であり、命懸けの旅かも知れません。他の人には、十歩などは一瞬で到達する何でもないことかも知れません。でも、その健康な人にも、違う内容での難しい課題が必ずあるのです。だから、コノ世に生まれるのです。

違う課題を持つ者同士が一緒にいる次元が、コノ世です。

自分で決めてきた、自分が課した課題が違うために、他人と比較をすること自体が、無理と矛盾と不公平感が必ず生じます。自分自身を見ずに、他人を見るために不満と迷いが生じるのです。

これは、コノ世だけでの大いなる仕掛けです。他の次元では、同じ課題を持つ魂だけが、磁石のように自動的に集まるからです。どんな課題も全員が同じならば、それが常識となり、普通なのです。**しかし、そこでは進歩がないのです。**

だからコノ世で、悔しい、悲しい、腹が立つ、嬉しい、楽しい、何とかしたい……。コノ世に、**これらは素晴らしい「思い」ではないですか。**コノ世だけの貴重な思いです。

生きていればこその思いです。明るく体験をしましょう。

コノ世は、自分自身を見させないで、他人を見るように誘導する誘惑に満ちています。

しかし、他人を見る間は、自身の安定・成功・真の幸福は来ません。このジレンマを打ち破るのは、他人（家族も）へは自分からの思いやりを与える一方だけの視点を持つことです。

そして、自分自身を見つめます。


みんな、自分自身を納得させるための課題を持っています。

だから安心して、自分に向き合いましょう。

自分自身の中に、神性を見出《みいだ》した者が、真の幸福な人です。

その人物の周りの人も、何らかの恩恵を受けて助けられます。

自分なりに歩いて行きましょう。

生かして頂いて　ありがとう御座位ます

［誰でも光ります　二〇一〇年十一月十三日］

# 20 聖なる夜に内在神への感謝を

(前項の感想)

もし、悩んだり、苦しい時は、それは成長するための摩擦だと思いましょう。

もし、今の生活の有り難さに気づければ、それは自分の心がその分の成長をしたのです。

人は、自分それぞれの宿題(課題)を持ってコノ世に生まれています。


Aさんは、金銭には不自由しませんが、子どものことや夫婦関係での自殺をしたいほどの課題を持ちます。Bさんは、貧乏の子沢山家庭で、これでもかという金銭の悩みがあります。


Aさんは、Bさんの元気な子どもたちや優しい夫をうらやましく思い、BさんはAさんのような生活をしてみたいと憧《あこが》れ、自分の生活を嫌がっています。

AさんもBさんも、自分が持つ良さには気づけず、むしろそれを嫌がっています。すべての人間が、このような感じなのです。

人間は、自分の現状をなくさないでも、その良さに気づいて「いる」ことが大切です。大半の人間は、それをなくしてからわかります。これでは、ダメなのです。お手を覚える時のワンちゃんと同じレベルです。

人間は自分のことを見ずに、他人との比較ばかりしています。今の人間の悩みの大半は、**他人との違いばかりの内容なのです**。これは神様の視点では、本当に愚かな悩みであります。どの人間も、根源神の分神を宿す人であり、神様の視点では、その違いや差別は一切ないのです。

聖なる太陽の誕生祭が始まる今日は、自分の心にも神様（良心）が在ることに思いを馳せましょう。神様に気持ちを向ける限り、悪魔は舌打ちをして離れています。
神様への最高の御礼の思いは、これです。

生かして頂いて　ありがとう御座位ます

［聖なる夜に内在神への感謝を　二〇一一年十二月二十三日］

# 21 今、目の前のことに没入しましょう

人間は、今の自分が何をするべきか？　これで良いのか？　本当は他にするべきことが自分にはあるのではないか？　などと迷うものです。

この答えを求めて、いくら他人に聞いてもムダです。未来は白紙であり、真実は今、現在しかないからです。

運命とは、過去のことです。自分が歩いた結果の道が、一本につながっているだけのことです。未来も、この一本の道が続いているハズだと思うのは間違いです。

ここで、神霊が示すのは、一本の糸を撚《よ》る工程でした。

**五本**の細い糸の道が、未来に広がっています。これを撚っていきますと、一本の太い糸になっていきます。

つまり、今という時点は、一部が一本の撚って完成した太い糸（＝過去）、もう一部が五本の細い糸（＝未来）となり分かれています。そして、今という時点で一本と五本が接点を持ち、私たちは日々糸を束ねて**撚っている最中なのです**。

五本の細い糸の内、どの糸をメインに撚るのかは、自分の自由なのです。決まっていません。自分の意思次第です。ただ、他の四本の糸も撚られますので、共に、一本の太い糸の中に吸収されていきます。

どの糸を選んでも、その生活の中には、他の糸の道も吸収されていきます。つまり、どの糸の道を選んだところで、**生きるということには変わりがないのです。**

では、どうすればよいのでしょうか?

答えは、今の目の前のことをすればよいだけなのです。懸命に目の前の糸を撚っていけば間違いはないのです。

今の瞬間の連続が未来となります。すでに済んだ過去生の糸を調べる必要はありません。

これは逆に、今生の糸が絡《から》まる、ハンディキャップにしかなりません。

天命などは、ないです。すでに完全自由な神性と共に、自分の魂が生まれているのです。

自分の神性に気づくだけなのです。

今の目の前の糸(=生活)が真実であり、今の天命です。

もし今の目の前の糸が嫌な内容でも、懸命に撚りましょう。そうすれば必ず最善へと変わって行きます。よそ見をすれば、糸を撚るのが止まります。そして、余計に絡まる面倒なことが起こります。

だから、感謝の気持ちで淡々と目の前の糸（＝生活）を撚っていきましょう。
その糸で、自動的に自分なりの色の織物が織られていきます。
これが自分にとっての、かけがえのない最善の人生を歩いたことになります。
今の目の前のことを大切にしましょう。

生かして頂いて　ありがとう御座位ます

［今、目の前の事に没入しましょう　二〇一〇年十月二十六日］

# 22 根の国と共に生きています

（前項の感想）

人間は、なぜ先行きを心配し、知りたがるのでしょうか？

先が決まっていると思えば、安心するのでしょうか？

決まっていれば、努力しないでもよいと考えるのか、より良い近道があると思えるのでしょうか？

残念ながら、白紙なのです。傾向と方向性が存在しているだけです。

**今の自分次第で、絶えず変化しています。**


仕事もせずにパチンコばかりしていれば、貧乏になるのは当たり前です。「自分がパチンコするのは、運命ですか？」と聞く人がいます。それは今の自分の意思に過ぎません。「不倫をした私が、いつまで経っても結婚できないのは運命ですか？　罰ですか？」と聞く人もいます。独身女性が不倫をしていれば、婚期を逃してしまうのは自然な道理です。運命でも何でもありません。自分の意思と欲望が決めたことに過ぎません。他の男性から見れば、性交に囚われた女性は、ナントナクの雰囲気から会えばわかるものです。そして結婚相手としては、避けます。もし不倫をしていなければ、先行きの運命は必ず変化していました。

何事も絶えず、今の自分自身が明日に継続して蓄積していくのです。だから、今の自分が強く決意すれば、明日も変わって行きます。

タバコをやめるには、今持つ、タバコを廃棄するしかないのです。

昔、ロト6《シックス》という六つの数字を当てる宝クジが始まった頃、私は時間と霊視の感覚を確認するために実験をしたことがあります。週に一度、新聞でも結果発表が記載されますので、発表前日に予想を紙に書いて置いておきます。

これを繰り返すうちに、ある現象に気づきました。自分が書いた予想の数字が、翌日の結果ではなく、数週間後の一等であったり、ネットで過去の当選データを調べますと、すでに済んだ一等の数字六つを自分が書いているのです。

要は、六つの数字の組み合わせを完全に読み切っても、それが出現する日にちが過去と未来に飛び、明日という日にハマらないのです。

コノ世では、過去と未来も同時に並行して存在する宇宙の仕組みにより、過去も未来も絶えず「**今という起点の影響で存在する**」ことを、この実験で確認しました。

これを禅では、**絶えず今しか存在していない**、即今《そっこん》（ただいま）と言っています。

これと同様にして、生きる人間の未来を視ますと、仏典に登場するような大きな「数個の」大車輪を私は視ます。大小様々の歯車が噛み合うような、時計の裏側のようなイメージです。

車輪の大きさも、個数も、人様々です。この車輪が時を刻むように、お互いに噛み合いながら回転して、一本の軸（人生）を回しています。

自分の努力により、志《こころざし》により、他者への思いやりにより、先祖（遺伝子）へのケアにより、それぞれの車輪の大きさや回転速度が「自在に変化」します。車輪同士の噛み合う位置も、スムーズに回るように変化します。これは命の大車輪だと思っています。

だから、運命は今の自分次第で変わりますし、寿命も変化していきます。

## 生きる人間の未来を表す『大車輪』のイメージ

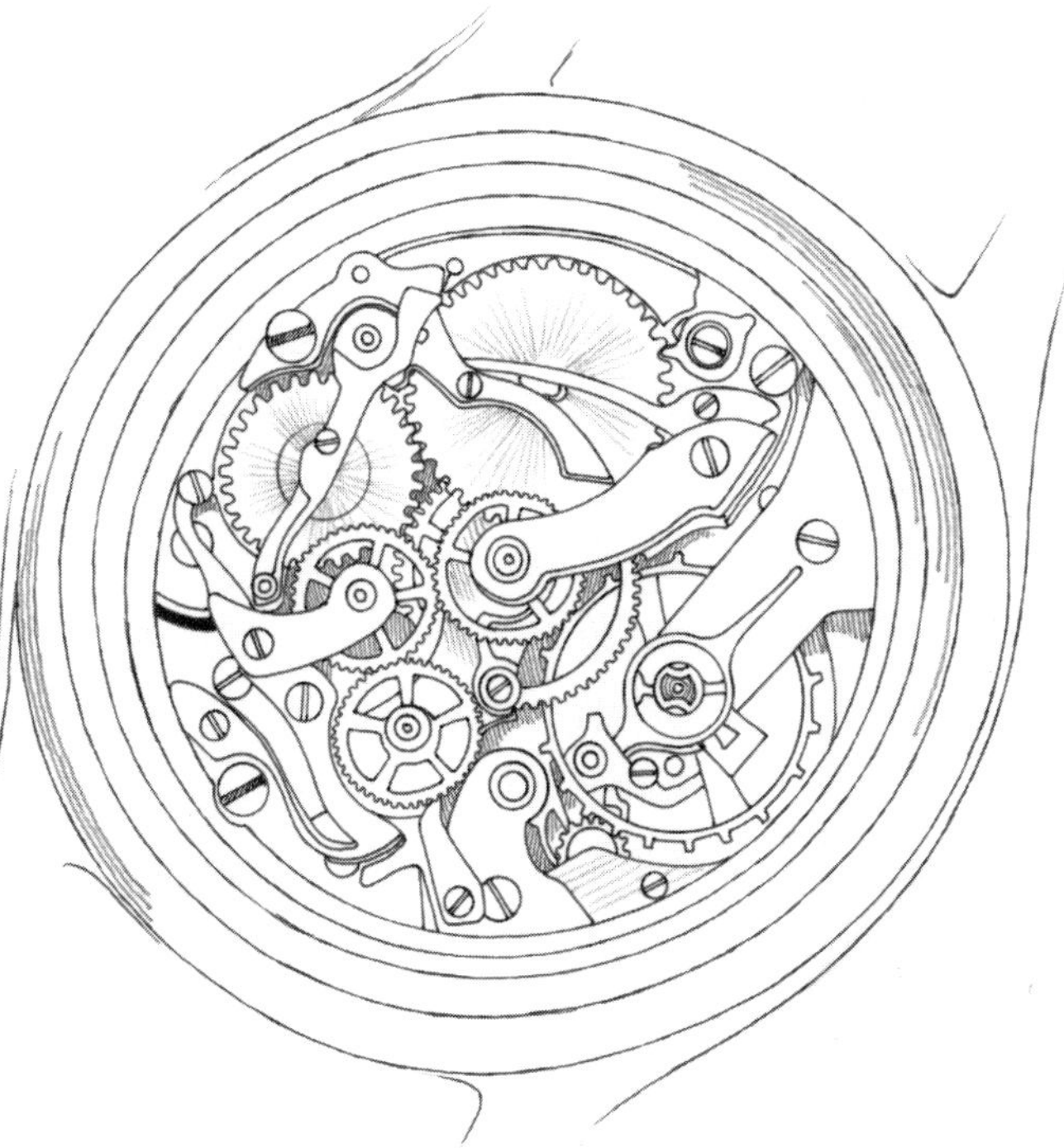

一本の立ち木にたとえてみますと、地上に生えている見える木の全体が、今の自分の人生です。そして、見えない地中には、地上の木の全体以上の長さの根っ子（先祖：遺伝子）が存在しています。

立ち木は、根の存在があってこそ生きているのです。根は、生きるための水（家系の霊線を流れる生命力）も、供給しています。

コノ世では、自分一人だけで生きているのではないのです。根っ子という多くの先祖と共に生きているのです。

だから、まだ生前の「個性」を残す先祖がいれば、その魂がしたかった願望と共に、今の自分が生きているとも言えるのです。

中には嫌な性癖・欲望を持つ、縁ある先祖の魂も存在するものです。もっと生きたかった幼児や水子も、家系には必ずおられます。自分の魂が、肉体を家系（根っ子）から借りている間は、その家賃として影響を受けるものです。

これを感謝の先祖供養で、普段から前向きに昇華すれば、先祖の先に存在します神様という大いなる内在神との交流が強まるのです。

運命は、必ず変わって行きます。

要は、運命論を信じるよりも、先祖を信じたほうが、お得なのです。

生かして頂いて　ありがとう御座位ます

［根の国と共に生きています　二〇一一年十一月二十八日］

## 23 心で思う言葉も大切に

自分が思う心から出る「光」が時間差をおいて、その内容に応じた物質化がコノ世で起こります。この心から出る光には、重量感を私は感じます。

つまり、「光＝重さがある＝〝すでに〟物質」だと言えます。すでに物質ならば、二次製品だとも言えます。最初の原初ではないのです。

では、その光を生み出したのは何でしょうか？

深奥の心（内在神）が思う「言葉」だと、神示では示されます。要は、私たちが心中で思っている言葉が「光」と変わり、その光が現実界へ作用しているのです。

だから、いかに心中で思う内容の言葉が大切かということです。口には出さない言葉には、皆さんこんなこと、あんなこと、Hなこと……キャーッと、ついつい破壊的な言葉を簡単に思うものです。これでは、運気は上がりません。

人間が息と共に発音した言葉は、息吹《いぶき》が加わり、「発声した言葉＝言霊《ことだま》」となります。

言霊を生む前の、心で内在神と共に思う言葉が、光をも生み出す原初なのです。これは、聖書で言いますところの「はじめに言葉ありき」（ヨハネによる福音書 第一章―一節）の真相です。言葉の「思い」の後に、創造（想像）の光が生まれています。


この創造の光は、私が説明してきました霊的磁気でもあります。

太陽電磁波＝太陽霊光＝霊的磁気＝創造の光、今の科学では電磁波と単純に総称して言ってしまっています。電磁波の種類を細分化して、抽出して制御することができた時、次の文明社会が到来します。

五千年以上前のインド神話に登場する創造神ブラフマー神とは、私にはプラズマーと聞こえます。今の科学で言う「プラズマ」です。今の科学は、大昔の神話にも追いついていないようです。


**だから私たちは、口には出さない言葉も大切にすればよいのです。**

口に出した言葉は、言霊となり直接に作用しますが、それを発音する状況に至るすべての大本は、普段の自分の心中の言葉に原因があります。

要らぬ言葉を思いそう、考えそうになる時は、この言葉を繰り返し思いましょう。何かが改善していきます。

それは創造する原初の音である「あまてらすおほみかみ　あまてらすおほみかみ」。

これと、

生かして頂いて　ありがとう御座位ます

[心で思う言葉も大切にしましょう　二〇一〇年十一月十五日]

# 24 独り言は心のサイン

（前項の感想）

人間とは、生まれてから死ぬまで、心で独り言を言っているのではないでしょうか。誰と話をしているのでしょうか？

心が不安定になるにつれて、独り言が実際に口から出ることが増えます。

自分が出した声に気づいて、思わず周りを見渡して恥ずかしく思える間は、まだ大丈夫です。病的になるに従って、独りしゃべりが増します。自分で独り言が増えだしたと思えば、悩むことをやめて、自分を休ませることを心がけましょう。

これは、実は迷う霊でも同じなのです。ボソボソとしゃべり続ける霊がいます。ホテルや旅館には意外と多いです。その話す内容を聞こうとしますと、ボソボソ声が消えていき、気のせいだと思っていると大きく聞こえるものです。

人間が霊に同調を試みるとさえぎる法則が霊界にはあります。他の次元の存在の確認を妨害するのは、神様の意志が働いています。見えないものは見えない、聞こえないものは聞こえない、が正しいのです。

だから、そういう時は、そういうモノがそこにいると、冷静に認めてあげて静観すると、収まる傾向があります。怖がり、避けようとするほど、奇異な現象は増すものです。

ボソボソとしゃべるのは、その場で自殺した霊のケースが多いです。地縛霊《じばくれい》（その場所に自分で自分を縛っている霊）と化しています。その霊が、生きていた時の心の状態が、死後も継続しています。

だから人間とは、生きている間の習慣や癖が大切なのです。

西洋での心霊実験で、地縛霊が動ける範囲を測定した結果があります。どの場所でも、直径で六メートル以内という統計が取れたそうです。

小麦粉を床にまいて、付く足跡から電磁波カメラで動きを測定した結果、何らかの見えないバリアーの壁が、直径六メートルの円であると判明したそうです。その外には、地縛霊は出られないわけです。これは、私が感じる地縛霊の移動範囲の感覚と一致します。

良い職人は、独り言を言いません。無心で集中しているからです。勉強でも、独り言が出始めれば、休憩と勉強方法を改善することが必要です。

独り言が出る時は、自我《じが》（我欲）が肥大しており、自分の自我との会話をしています。

肥大した自我が分裂して独立しますと、厄介なことになります。

無心でいる時は、良心（内在神）との対面をしており、心は静寂に包まれています。


心中で恨みや怒りを思うならば、何も思わないほうがマシです。ただ、何も思わない・悩まないのが人間には難しいのです。

だから、何かマイナスなことばかり浮かぶならば、せめて形だけでも良いですから、心に仕事をさせておくのも有効です。それが、「アマテラスオホミカミ　アマテラスオホミカミ」の二十音（フトノリト・二十祝詞・太祝詞）を思うことでもあります。

自分ができることをしながら、後は自然（内在神）の成り行きにお任せをしましょう。

そして、この言葉も思うことです。

生かして頂いて　ありがとう御座位ます

［独り言は心のサイン　二〇一一年十二月二十六日］

## 25 意志という光が形を持つ

道元《どうげん》（作業しながら禅を極めて神仏を見た人）さんにしても、親鸞《しんらん》（究極の下から目線で頂点の如来を見た人）さんにしても、また日蓮《にちれん》（太陽神を見た過激な隠れた神道家）さんにしても、久遠《くおん》（永遠）な一つなる究極の存在を、全員が光の存在だと表現しています。

要は、コノ世には光しかないのだと。

釈尊にしても、亡くなる時の遺言は「自灯明《じとうみょう》（自分の心の良心＝内在神）の**光の気配**を頼りにして、大きなサイのように突き進め」でした。

動物のサイは、視力が悪くて先が見えないのです。目の前の風景を見ようとしても見えません。だから真っ直ぐに、ためらうことなく突き進みます。人間も自分の思惑の先行きが見えません。この時、不確かな先行きを心配しないで、自分の良心が示す方向へ真っ直ぐに歩いて行けばよいということです。自分の良心の光だけを頼ります。

自分の良心の光を見間違わない秘訣は、自分以外の全体のことへの「思いやり」の視点を持つことです。思いやりは、「重いヤリ」と変化して、どんな障害も打ち砕くのです。

これらの光と言いますのは、単なる比喩《ひゆ》や例えではなく、物理的にも本当に光なのです。この現実界の真相は、神様の意志が光として放射された時、照らされた部分が物体化したと感じます。

ちょうど歯科治療でも使用されるような、特殊なライトを液体や柔らかい物質に放射しますと、その柔らかい物質が硬化をする感じです。

ここで大切なことは、私たちも常に光を放射しているということです。脳波のように、自分が心で思うことが、その内容に応じた光を放射しているのです。自分が思う光が、後から時間差をおいて未来に物質化します。

ただ、この反応がわかりにくいので、何を思っても関係ない、良いことを思っても悪いままだ、などと見捨てている人が多いです。しかし、これは損をしています。

一番に効率の良い反応を呼ぶ光を出す思いは、現状への感謝の思いを「置いて」いくことです。とにかく、どんなに悲惨で苦しく不満な現状でも、それでも生かされているのです。

今から、現状への感謝の気持ちを発していけば大丈夫です。その思いの光は、自分にとっての最善の未来を「固め」ます。

自分が思うことを信じましょう。絶対にムダではありません。
自分の思いを信じることが、本当の信仰です。
（この最後の一行は、釈尊からの伝言です。）

生かして頂いて　ありがとう御座位ます

[意志という光が、形を持つ　二〇一〇年十一月十四日]

## 26 心の静寂が実現力をもたらす

（前項の感想）

自分の心で思うことが微細な光を放射し、周りの空気に影響し、過去・現在・未来へと干渉することを感じます。

これは今の物理学が進歩すれば、完全に観測・証明されることだと思います。素粒子（それ以上分割できない物質）のレベルでは、すべてが揺らいでおり、自分の意思の光の干渉で「動く」のです。

これが証明されるのを待つのは、コノ世の私たちは時間が限定されますので損なことです。**気づけた人から、自分の心持ちがすべての元だと思い、自分の心（良心）を大切にしましょう。**

人間は、大金持ちでも悩み、貧乏でも悩みます。これって変ではないですか？

要は、絶えず変わる風景に重きをおく間は、その人間の悩みは消えません。自分の心を見つめて、静寂を感じている時は、素粒子のレベルでは「安定」が起こっています。

人間は、日に何度か数十秒でも良いですから、〝作業しながら〟でも心が静寂する時を感じることができれば、自分の思いの実現化が起こり始めます。心や身体の細胞の素粒子レベルでの、安定した時間を持つことが、自分の良心が欲することを実現化させます。瞑想や滝行などでは、正しく静寂を呼ぶことはできません。そういう行動をすること自体が、自我の目的意識の内側だからです。

あくまでも日常生活の中での、瞬間瞬間にカギがあります。

生かされている感謝をしていく中で、静寂（内在神）は訪れます。

昭和時代は、思いの実現化を「霊化する」「霊化させる」などと表現したものです。この能力を持つことが、人様を指導できる最低限の資格です。今では、この仕組みを理解している人さえも、ほとんどいません。

この実現力は、自分の良心（内在神）に沿って日常生活を送れば〝誰でも〟必ず増していきます。自分の感謝する心から生じる心の静寂より現れるサンタクロースが、自分に本当のプレゼントをくれるのです。

生かして頂いて　ありがとう御座位ます

［数秒の静寂が24時間を左右させます　二〇一一年十二月二十五日］

# 第五章
# 伊勢白山道への質問〈Q&A〉

## Q1

**十代の息子がテレビ番組で見てからスプーン曲げをするようになり、今ではスプーンに直接触らなくてもぐにゃっと曲げたり、手のひらに載せたスプーンを触らずにゆっくりと曲げていくことができるようになっています。友達の間でも、こんな風にスプーン曲げができる子が多いそうです。私の子ども時代にもスプーン曲げが流行《はや》りましたが、ここまでできる子はいませんでした。今、できる子が増えているのはどうしてなのでしょうか？　親がうるさく言っても反発するので黙って見ていますけれど、心配しています。**

## A

まず、肉体が弱いと、生霊が出やすくなり、生命エネルギーの漏電が起こります。そういう状態の若者は、意思の力でスプーン曲げが可能です。だから、ヒョロヒョロとした体型の若者ができる可能性が高く、また疲れやすくなっていくことに注意です。引きこもりの若者にも、精神的に不安定なフラストレーションの発散の破壊志向からスプーン曲げができる人が見られます。

また、幽界から現実界への次元の移動が進んでいることも関係します。若者にも憑依が増加中であり、不登校などに影響することを感じます。

先祖への感謝を、普段の中で想起しながら、静観をしましょう。先祖への感謝磁気を貯めることが、物事を改善させる力となります。家系の霊線の浄化具合により、若者でも人生に影響する個人差が見られる時節です。

## Q2

**有名な神社の「清め砂」をお土産《みやげ》で頂きました。庭の鬼門にまくか、室内の観葉植物の鉢植えにまくか、それとも家内の鬼門に袋のまま置くか、扱いに迷っています。どうしたらよいでしょうか？**

## A

できれば、離れた外の自然に戻すことを参考に。家には、賛成しません。

神域の物が、個人に良いというのは間違いなのです。神域の物は、神様のためにあります。神域の物を持ち帰ると、後で怖い障《さわ》りの話が無数にあります。やはり神社でも違いはありますが、神社で祓われた悪霊たちは、神域内で地面に落とされて、昇華の機会を待っている期間もあるのです。そういう存在が、砂に宿っている場合もあります。

神域の植物も、何らかの霊のヨリシロになっており、遊びで折ると、後から怖い話もあります。神域の掃除や植木の手入れ、除草をする場合は、大丈夫です。神様もわかっていますから守られます。

そういう販売されている砂も、何もわからない人間が商売でしていることです。お祓いされた砂だということでしょうが、もしかして、に備えて私は賛成していません。自己責任で自己判断しましょう。

# Q3

**死後の四十九日間のバルドォ期間に人生を振り返って「正知」できることについてお尋ねします。知らずにいた生前の個人的な出来事の真相だけでなく、自分が生きていた時に起きた日本や世界の大きな出来事の真相も知ることができるものなのでしょうか？**

# A

自分が関係した物事は、観ることになります。ただ、社会や世界の出来事の真相については、自分がアノ世のどの世界に戻れるか、で個人差の問題になります。上の次元に戻るほど、わかる範囲が増えます。

でも、死んでアノ世に行きますと、あなたが今に思う「真相を知りたい」という欲求も消えている可能性も想像しておいてください。生きている今だからこそ、知りたいのはわかります。でも、死ねば、自分には済んだ世界のことであり、知りたい視点はアノ世のことに変わっていきます。

## Q4

**アノ世にあるという、コノ世を映す大スクリーンは、アノ世のどの階層でも見られるものなのでしょうか？　下の階層に暮らす人たちも、見たいと思えば見られるのですか？**

## A

どこにもスクリーンは存在しますが、下の階層の魂ほど、見ようとはしません。霊界以下の階層の魂は、満たされなかった自分の自我の欲求の世界に、アノ世で暮らすことになります。それは違う階層の魂から見ますと、まさに地獄と呼べる光景です。

まず、人が死にますと、四十九日間の間に、今生で自分が忘れているすべての出来事が再生される映像を何度も見せられます。これは、すべての魂に共通して起こることです。

その時に関わった他者の内心の思いも、すべてがわかるようになります。そして、様々な真相を知り、自《みずか》らを反省することも現象として起こります。

このようなアノ世のスクリーンのことを、昔の人は「真澄《ますみ》の鏡《かがみ》」などの、様々な呼び名で表現しています。

## Q5

**重い病気になった家族に感謝想起をしたいのですが、本人の顔を思い浮かべて「〇〇を生かして頂いてありがとうございます」と真剣に祈るようにすればよいのでしょうか？**

## A

日常生活の中で、家族に対して明るく感謝想起を送ることが大切です。思い詰めて、暗い気持ちから必死に感謝想起ではダメです。自分の心配で苦しい生霊が、家族の霊体に負担になることがあるからです。

昔の言い伝えでも、「悲しむ家族に看病をさせてはいけない」、むしろ「仕事としてプロ意識で看病する他人に世話をさせたほうが良い」と言います。これは、生霊の負担の視点では、まさに言えることであり正解なのです。

また、先祖供養時に、生きている病気の家族のために線香を立てることは、縁起が悪いことです。供養や、線香とは、あくまでも死霊や、縁ある故人のためのものであり、生きる人には縁起が悪いです。

## Q6

**営業部門で働く会社員です。営業実績を上げるためには、やはり、話術や人付き合いの器用さは関係があるのでしょうか？**

**営業には図々しさが必要、酒やゴルフや麻雀の付き合いも必要だと言う人もいます。私はと言えば、人見知りで調子のいいことは言えず、酒席は苦手、ゴルフや麻雀もやりません。**

**お客様は、最終的には商品と、誠意や人柄で判断するものではないのかな、と思うのですが、甘いでしょうか。営業畑の長い伊勢白山道さんの感じる「営業の極意」なるものがありましたらぜひ教えてください。**

## A

お客様に、「安心感」を売ることが営業の極意です。

昭和時代の経営者には、接待や交際も営業の効果があったと思います。しかし今の経営者は、そういうものは飽きていて、それよりも商品の安心感と、アフター対応を心配されます。だから、「自分を信用して頂けるのか？」「商品への安心感を持って頂けるのか？」、これが営業を左右します。

問題は、販売する自分自身が、商品への不信感を感じる物が、自社で扱う中にはあるものです。この場合は、会社の利益を優先するのか？　お客様を優先するのか？　自分は給与を得なければいけない、という自分自身の良心との葛藤に苦しむのも営業のアルアルです。

この場合は、自分が商品への信頼を持てるまで調査をすることや、商品のアフター対応ができるような社内の工夫をすることも必要です。

とにかく営業は、安心感と信用と、「自分なりの誠意」を売ることが大切であることを参考にして頂ければ幸いです。

## Q7

**大麻は、健康に良い食品であり、薬草としても素晴らしい効能があると一部で言われているようですが、どう思われますか。**

A

大麻とは、神事に使用する神界由来の植物であり、伊勢神宮の神札の名称である「神宮大麻」の由来でもあります。

これを人間の体内に入れるのは、煙でもダメです。波動が違い過ぎて、後から問題になることでしょう。厳禁です。今はまだ表面的な効果しか、わかっていないだけです。

波動が違うものを体内に入れますと、神聖なものほど、人間の心身を破壊していくことでしょう。潔斎《けっさい》なしに聖地に入った人の後が、良くないことと似ています。

大麻を繊維として、人間の衣類などに利用することは大丈夫です。

## Q8

**伊勢白山道さんから見て、「本当に強い人」「真に強い男」とはどのような人を指しますか？**

A

優しい人が強い人です。表面的な強さの誇示は、実は弱さの証拠です。見せる、見える強さは、弱いからこそです。強さを見せないのが、自然界の狩りにも見られる本当に怖い強さです。

黙って耐える人も、強い人です。でも、その上に、愛情が強い人こそが、すべてを呑み込んでしまう真からの強さを持つ人です。

## Q9 相次ぐクレーマーからのメールと電話に強いストレスを感じています。仕事として冷静に対処しようとしても、負の感情に支配されて苦しいです。どのように対応したらよいのでしょうか？　静観するにはどうすればよいでしょうか？

**A**

相手の邪気をまともに受けるからです。相手に同調しないことが大事です。感謝想起しながら聞きましょう。淡々と、相手の言う内容を記録するつもりで、聞き流していきましょう。感情を入れずに、受け付ける業務に徹することを参考にしてください。

相手からの嫌な磁気、ストレスを自分に溜めないためには、無理には不要ですが、麻ヒモ（荷造り用や、赤色系の麻の手芸用糸でもOK）を、左手首か、足首に（靴下の下に）、一重で良いから巻くことを参考に。これは一日以内を限定にして、帰宅したらすぐにハサミで切って、必ずゴミ箱に廃棄します。

入浴時には、海塩で肩と背中をマッサージすることも参考にしてください。

## Q10 龍女《りゅうじょ》とはどういう者でしょうか？

A

昭和までの時代には、龍神が修行のために、コノ世に受肉して生まれることがありました。でも、その人生は修行のために、非常な苦難の道を歩むことになる傾向があります。例えば、詩人の金子みすゞさんがそうでした。

龍神のサガとして、天地を往復するために、コノ世での体験も、天地という両極端の内容を体験することが多いです。コノ世の栄華の絶頂期も破竹《はちく》の勢いで体験しますが、その反対に落下も激しく体験します。平坦な、安定した人生とは無縁の生涯となるものです。

近代の龍女は、商売や金融に関する仕事をする女性に生まれる傾向を観ます。龍女に共通して言えますことは、男性運は悪いということです。自分独りで生きる傾向になりがちです。

でも、龍神の転生は昭和までで終わりです。これからは、人が、神様に向かって昇華・飛翔していく時代が始まっています。

## Q11

**厳冬期に凍結した湖の氷が堤状にせり上がる自然現象を、長野県の諏訪湖では古来、神様が湖を渡って行かれた道と考え「御神渡《おみわた》り」と呼びます。これには霊的な意味があるのでしょうか？**

## A

基本的には、気温差から起こる自然現象です。でもやはり、自然界の精霊の龍が移動しています。人間に干渉する龍は消えましたが、自然の中にはその存在の形象の痕を残します。

自然界は、絶えず様々な精霊を使って、メッセージを発していると言えます。

## Q12

**幼い息子が「魂って何？」「人間はなぜ死ぬの？　ぼく死にたくない」と聞いてきました。何て答えたらよいのでしょうか？**

## A

「魂って何？」……あなたの心だよと言いましょう。

「人間はなぜ死ぬの？　ぼく死にたくない」……心は永遠に死なずにいることを教えましょう。

人間は、年齢と共に肉体は変化していき、いずれ肉体はなくなるが、気持ちは存続するから大丈夫だと言えればよいね。肉体がなくても、家族を見ることができると。

## Q13

**蛇を殺すと祟《たた》られる、呪《のろ》われるとよく言います。どうして蛇は殺すと、問題が多いのでしょうか？　恨んだり祟るのは、蛇だけですか？　やむなく蛇を駆除した場合、誤って蛇を殺してしまった場合は、どうしたらよいのでしょうか？**

## A

蛇は霊的な意味が深いのです。太古からです。人類の遺伝子にも関係します。神社の注連縄《しめなわ》も、男女の蛇の絡み合いと多産の縁起、二本の遺伝子DNAのらせん形態、などを暗示しています。

人類の進化の過程での、宇宙人からの遺伝子の関与の意味でも、蛇に注意します。神様のお使いや化身には、蛇や龍の形態を霊体で取るものが実際に多いです。

だから、本当に生物としての普通の蛇の場合と、神様のお使いの蛇とは、見かけでは区別が付かないものです。ただ、白蛇ならば、まず殺してはダメです。お使いの場合が多いからです。

もし仕方がなく蛇を殺した場合は、心中で謝っていきましょう。忘れていると、祟ります。だから、思い出した時だけでもよいから、心中で謝罪が大切です。できれば、先祖供養の三本目の線香か、土地の霊の供養である「床供養」の三本目の線香で、謝っていくことが大切です。

## Q14

**スポーツ選手は、敗因について「スキがあった」とよく言います。霊的に言って、本当に実質的な「隙間」ができるのでしょうか？**

## A

そうです。慢心や油断により、自身の霊体のオーラ磁気に隙間ができます。

これは交通事故の時も、当たる瞬間を自分で見た人は、霊体のオーラが瞬間的に締まり、実際の衝突の衝撃に備えようとします。でも、まったく油断した状態で知らずに衝突された場合、自分のオーラにスキがあるために、受ける衝撃が大きくなります。当たる瞬間を認識している、していない、これだけでケガも後遺症も違うものです。これも、霊体のオーラの「スキ」に関係する話です。

## Q15

**凄惨な事件や事故が起きた現場に、わざわざ見物に出かけて写真を撮るのが趣味の知人がいます。このような野次馬行為も、魔に引かれて同調しているのではないでしょうか。**

## A

そういう人には、不干渉がよいです。不幸な現場の磁気に同調しています。これは危険です。こういうサガを持っていますと、いずれは自分自身に、または縁ある周囲の人にも、不幸で悲惨な犯罪や事故を引き寄せます。無意識のうちに望んでいることになるからです。ある意味で、魔物に憑依された人が、こういう変わった嗜好性を持つ傾向になります。

これは年齢によらず起こります。子どもでも悪霊に憑依されますと、動物を殺して死骸を見てみたいという渇望に苦しむケースも見られます。親からの暴力的な抑圧を受けていたり、学校でイジメに遭って、過剰なストレスを溜めている子どもに起こる憑依現象でもあります。

憑依＝同調現象＝似たもの同士が引き合う現象。やはり怒りや、ストレスを溜めないことが、憑依現象を避ける一番の方法です。

## Q16

**私の実家は祖父の代からある組織宗教に所属しています。夫もここの信者です。みな真面目で善良な人です。でも、組織活動に疑問を抱《いだ》き始めた私は、この環境が苦しく、離れたいと悩むようになりました。**

**私の疑問を家族に話しても、理解されることはないでしょう。もし脱会を決行すれば、家族との縁も切れてしまいます。どうしたらよいのでしょうか。**

## A

もうそのような環境を無理に変える必要もない時期です。そのまま、自分の心の中に神仏を求める視点で、今の環境を過ごせばよいです。宗教組織についての議論や説得も不要です。それが、その人の縁なのです。あらゆる因果の上でのバランスです。

また、信仰における様々な人々との面会は、必ずしがらみや、弊害《へいがい》が生じます。そのような組織の集まりに出席しなければいけない場合は、あっさりと帰ることを念頭にして、無難に過ごせばよいです。こういう信仰の問題は、その信仰に反対する人物でさえも、違う種類の信仰の先生にしてしまいます。反対することも集団になれば、また違う信仰の手段に過ぎなくなります。これでは、愚かな繰り返しです。だから、無理に家族の信仰に反対することも不要なのです。

## Q17

**何年も有料先生に相談に通っている知人に久しぶりに会ったら、なぜかその先生によく似ているように見えました。その二人は顔のつくりが似ているわけでもなく、年も離れているのに、驚くほどそっくりになっていたのです。知人は、先生の背後の影響を受けているのでしょうか？**

## A

先生の霊的垢《れいてきあか》が相談者の色々なところから注入されています。先生の雰囲気・臭い・体型まで転写します。金を出してまでして、幸運と自分を捨てています。まさに、有料先生に憑けられる、リピーターにされる霊的磁気の輸血現象が起こっています。

ある有料先生は、タヌキ形象の背後存在が憑いていました。これは本当の動物のタヌキの霊ではありません。卑しさ・金欲・ダマすこと・ケチ、などのサガが強い悪霊は、アノ世では動物の形象に霊体が変化しています。こういう霊的存在が、人に憑依して我欲の実現を図ります。こういう霊的存在を信仰しますと、これを拝む人も、霊的な形象の転写・憑依が進みます。年月が経てば、肉体も本当に卑しい雰囲気に変化をするものなのです。

## Q18

**伊勢白山道ブログを読んでいるので、有料先生への相談は危険だと承知していますが、スピ好きな友人に霊視に付いてきて欲しいと頼まれて困っています。何度か霊視してもらった友人は、この先生は本物と言い張ります。もしかして、友人は霊視や占いに否定的なことを言う私を試してみたいのかも知れません。行きたくはないのだけれど、正直に言えば、有料先生とはどういうものか、観察したい好奇心はあります。また、自分は負けないぞという自信もあります。長年先祖供養をしている私でも、やはり有料先生に会うと悪影響を受けるのでしょうか?**

## A

会うだけで穢《けが》れます。有料先生の背後は、あなたが目的です。絶えず商売には新しいリピーター客が必要ですから。

その霊視は、コールドリーディングと呼ばれるものであり、捜査員などが尋問で利用する話術の一つでもあります。相手の外観を観察したり何気ない会話を交わしたりするだけで、相手のことを言い当て、相手を信じさせる話術です。

特に今回のように紹介者である友人がいる場合は、あなたに関するかなりの情報を先生はすでに持っています。こういう話術に加えて、霊的な垢が憑くことで、あなたを信じさせる洗脳がおこなわれます。もう昔から繰り返されているパターンです。

そして、会うぐらいは大丈夫というのは、軽率です。霊的な被曝を舐《な》めてはダメです。有料先生は、会えば、相手が精神的に不安定になるような奇異な現象を実際に起こせます。そして相談に行くと、楽になるのです。これが集金のために、繰り返されていきます。

そういう友人には不干渉を参考に。

## Q19

**私は幼い頃から霊能があります。限界に来た時はいつも、霊的に救いの手が差し伸べられてきました。**

**現在は会社員をしています。しかし、現実社会を通じて人に奉仕したくても、どうしても上手くできません。また、霊能に関して相談しようと霊能者を探しましたが、これという人に出会えません。私はどのように生きていけばいいのでしょうか？　私はどのように他に奉仕すればいいのでしょうか？**

命がけで会社員をしましょう。本当に霊能があれば、これからも迷うことはないです。

# A

霊能で社会に貢献すると言っていても、その行き着く先は、困る相談者から一回いくらで金銭を得て暮らす有料先生になるのがパターンです。自分自身の生活があるからです。

本当に霊能力があれば、自分が暮らす生活費は正業で得て、無料で困る人々に貢献するのが、正神の方法です。正神の守護が本当にあれば、これが可能です。

世界一のヒーラーと言われたダスカロスは、公務員をしながら無料で難病に苦しむ人々を治しました。そのヒーリングに対して一切の対価を絶対に受け取らなかったのです。逆に、面会した相談者に、五円ほどの金銭を与えました。

これの意味がわかりますか？　正しい本当の霊的な能力があれば、これの重要性がわかります。

ダスカロス自身が、相談者からの霊的な影響・交換条件を受けないために、自分自身を守るために、金銭を相談者に与えたのです。これをおこなうことによって、彼は長年にわたって活動が可能な健康が与えられました。

金銭を受け取るような霊能者は偽物です。長くても十年、健康を損なって消えて行くのがパターンです。しかも、その死後には霊能で金銭を得た交換条件として、地獄での償いが待っています。

困る相談者から金銭を得ることは、アノ世では非常に重罪なのです。

## Q20

**コノハナサクヤヒメの分霊、弥勒菩薩の分霊という有名人がいらっしゃるようですが、長く先祖供養や感謝想起を続けていくと、私でもこういった分霊がつくようになり、才能を発揮して活躍できたりするのでしょうか？**

## A

そのような憑依を招く考えは厳禁です。あなたの運気を弱める原因です。

あなたの内在神が、すでに右胸に存在することを忘れてはいけません。誰もが、自身の内在神から無限に恩恵を得ることが可能です。しかも、内在神からならば、交換条件のない純粋な恩恵です。

そういう思考ならば、後から取って憑けたような、交換条件のある霊的存在に要注意です。

## Q21

**一時的な憑依は、多くの人が絶えず経験しているのでしょうか？　憑依されている時は、自分でわかるものなのですか？　例えば、身体が重くなるとか、普段とは違う行動をするとか。**

## A

憑依とは、似た者同士が引き合う現象ですから自己責任なのです。自分と似た意識の状態の霊が、誰にも寄って来るものです。

先祖供養ができる人には、同じく救う存在が寄ります。もし、自殺をしたいと思えば、自殺した霊が本当に寄って来ます。

憑依は、本人には無意識に起こっているものです。他人からは、相手の憑依がわかることも多いです。何かいつもと違う、今日はなぜか怖い感じがする、暗く見える……などなど他人は相手の憑依を何となく感じられます。

だから、自分自身で、自分に起こっている憑依に気づけるためには、自分で自分自身を観察することが重要です。自分の気分や発言を、自分で静観することです。こういう姿勢でいることが、自分の状態を感知し、憑依を避けるお祓いにもなります。

## Q22

**「私たちの心の中心に在る、根源神につながる真我《しんが》（神性・内在神・良心）。この永遠不滅で不変な心（真我）は、例えば不当なことにも、怒ったりしないのでしょうか？　喜怒哀楽は、すべて自我ということなのでしょうか？」**

## A

間違ったことには、怒ればよいですよ。観音様の裏面は、憤怒の形相です。それらすべてを、真我は包括して眺めています。喜怒哀楽も、その中身は時間が経てば、自分が間違っていたことに後から気づくこともあるわけです。それは、自我（自分中心の思い）から発生するために、相手の立場を思いやらないために、時には間違った思いが生じてしまいます。

では、真我からの思いは間違わないのでしょうか？

真我の思いというのは、自分と他人という境界線、区別が消えた次元の思いなのです。そこでは、すべてが善であり、愛情しか存在しません。だから、ある意味では真我は、自分と他人も同一だと認識しているために、「誰々に怒る」というような個別の判断はしない、と言えます。自我が生み出す喜怒哀楽も、真我は大きく包んで包容する心と言えます。神様の心です。

## Q23

**不変な心は転生を重ねても変わらないということですが、知能や身体能力、容貌、性格などはその時一回限りで転生のたびに変わっていくのでしょうか？ 今生で得た知識や知恵を次に持ち越すことはできませんか？**

A

それらは個性であり、今回の人生だけでのことです。

個性は、次の人生へと転生する場合に、その魂の傾向として反映しますが、基本的には毎回リセットされて、善徳と因果の相殺のバランスが図られた上で転写します。

ただ、今生で努力して得た技能や勉学への姿勢などは、来生には、理解が早い、素質がある、などと言われやすい傾向になります。だから、今生の努力が、まったくムダになることは決してありません。

## Q24

**先祖霊は、子孫が困っている時や、危険な方向へ行こうとしている時など、何らかの方法を用いて、必死でお知らせのサインを送ってくれているのだと思います。でも、私たちがそのサインに気づけるか否《いな》か、正しく受けとれるかどうかは、何が決め手となるのでしょうか？**

**その子孫と先祖霊とを結ぶ霊線の状態によるのでしょうか？　霊線が詰まっていれば、気づきにくいのでしょうか？**

## A

そうです。家系の霊線の状態が、具体的なお知らせと、守護の強さに反映します。

ただ、自分の霊線が曇るのは、自分自身の生き方の自己責任もあるのです。家系の霊線と、自分自身をつなぐ線を、「霊線の支線」と言います。つまり、家系の霊線が正常な状態でも、自分の生き方が反射する支線が詰まる人が多いのです。

これが、同じ家の兄弟でも、大きな差が生じる理由です。家系の霊線は、兄弟・家族・親族の間でも共有します。でも支線は、各人に一本です。自分の支線を詰まらせない生き方が大切なのです。

# Q25

**先祖供養の線香の煙が次元の壁を通り抜けて、霊の欲しいモノに変わるということについて、質問です。**

**その霊が欲しいモノが物質ではなく、望んで得られなかった愛情や理解などの思い、または特定の体験（例えば旅行、憧れの職業など）の場合でも、煙がそれに変化して向こうに届くのでしょうか？**

**線香の煙によって、霊が疑似体験をするようなことも可能なのでしょうか？**

# A

それぞれの霊が欲しがるものに変わるのは、物質の次元を欲しがる困った状態の霊が対象です。死んだ初期の状態の霊や、霊界以下の階層に落ちている霊が望むのは、まだ執着心の残存から物質的なものなのです。ノドが乾き切っているために水であったり、飢餓感からの食品であったり、気の毒な状態の霊の次元に作用するのが線香なのです。

あなたが言う思いや体験への飢餓感の癒やしは、その霊が落ち着く霊界において、反省、今生のおさらい、その前の過去生の原因などを思い出すことで、徐々に起こることなのです。

ただ、故人が線香の供養を受けて、生きる人から供養を通じて愛情を受けることで、故人が持つ愛情の飢餓感も癒やされます。これも線香三本供養で起こる大切な要素です。

生きる人が、わざわざ故人のために忘れずに供養ができることは、大変な愛情量があるからこそです。

## Q26

**どうしても昇華できない思いのある相手が亡くなった場合、その故人に対して、自分のやりきれない、納得できない思いを語りかけると伝わるでしょうか？特に、四十九日までのバルドォ期間であれば、伝わりやすいでしょうか？**

## A

伝わりますが、それでは故人の成仏の阻害になります。その状態は、いずれ故人に思いをぶつけた自分自身に返ります。

故人に対しての感謝の思いが影響して、その成仏の助けになることと同様に、故人への悪口は、アノ世にいる故人に、故人がいる場所の寒さとなって伝わります。

私たちが思う以上に、故人に関係した生きる縁者が思う内容が、その故人に反射する法則が存在します。これも、故人の自業自得を実行するために起こる現象です。

多数の生きる人から感謝される故人は、それだけ善徳があったということです。逆に生きる人々から悪口を言われる故人は、生前にそれなりの問題があったということになります。

だからできれば、納得できない思いのある相手であっても、故人には感謝だけを捧げましょう。

## Q27 私の守護霊がどなたか、教えてください。守護への感謝をしたいのです。

## A

家系の霊線の先祖たちです。守護霊とは、一人ではありません。一人の子孫に、何人もの先祖が干渉するものです。そして、生きる子孫の生き方次第で、先祖集団の中で守護霊の担当が変わっていくものです。

先祖の一人だけを特定しての供養は、先祖全体には良くない不公平な供養になります。これでは、かえって守護が得られない供養になるのです。だから、名字一つで、後は「お任せ」で供養するのが、良い供養です。守護霊が交代していっても、公平に届く供養になります。

よく有料先生が、個人の守護霊について、過去の有名人（これが変）の名前を挙げたりしますが、これはデタラメです。誰もが知る名称を挙げて惹きつける、ただの営業トークです。

## Q28

**先祖供養をするうちに、戸籍をさかのぼって家系図を作ってみたいと思うようになりました。家系図について、いかが思われますか？**

## A

家系図を作ることも、名前を忘れ去られた知らない故人の漏れが出るから、あまり良くないです。草葉の陰の無数の先祖が、無縁仏の扱いにされるものです。だから、先祖を細かく把握する必要はなくて、線香三本で縁ある先祖の全体を意識して供養することが大切です。

また、家に伝わる家系図がすでにある場合は、やはり家系の貴重な歴史だと思って、大切に保管がよいです。

自分や親たちが会ったことがある知る故人だけを、過去帳に書いていくこともよいです。このような故人は他界して年数が浅いために、供養が必要な期間だからです。以上は、あくまでも参考意見です。するか、しないかは、自由で問題はないです。

## Q29

**第１章―３の「他人のために絶対良いことをします！」についてお尋ねします。「他人のために絶対良いことをします」と心の中で強く思う時は、具体的にどのような良いことをするかを想像して、思うほうがよいのでしょうか？それとも何も想像せずに、ただ心の中で強く思うほうがよいのでしょうか？**

## A

具体的な想像は不要です。自然と導かれます。

「他人のために絶対良いことをします」というと、「何か社会や他人にわかる・見える善行をしなきゃ！」と思いがちです。

でも、そうではなくて、自分の日常生活の中での、何気ない身近なところでの、思いやりの行動からが大切なのです。家族にも、仕事でも、学校でも、自分がするべき勤務や勉学や生活の中で、他人への思いやりのある言葉や行動を、重ねていくことが大

切です。そして、「いつか、社会に貢献したい！」と思い続けることが霊的に大切なのです。

こういう思いが神仏に届きやすく、この思いが長く継続した人には、光が当たり始めます。

## Q30

**「感謝」という行為は、魂のレベルではどういう変化が現れていくのでしょうか。**

## A

魂の曇りを取ります。感謝すること、心から感謝を思うことは、悟りの上の次元の行為になります。悟りとは、自己だけの世界観です。

よく言われることですが、

「では悟った後に、何をするのか？」

「悟りは、他者を益することか？」

「悟った？　だからそれが何か？」

という命題が存在します。それに対して、感謝をすることは、他者を励ますことであ

り、他者を生かすことであり、創造を起こすことになります。個人から、全体への飛躍が起こります。

そして、感謝をする人自身が、成長します。

## 伊勢白山道式 先祖供養の方法

**1** 最初に線香三本に火を点け、上下に軽く振って炎を消します。線香を手に持ったまま、うち一本を片方の手に持ち替えて、苗字は言わずに父方・母方も含めた男性の先祖霊全体を意識して「ご先祖のみなみな様方、どうぞお召し上がりください」と声に出してから線香器の左奥に立てます。立てたら「生かして頂いて　ありがとう御座位ます」と発声します。

**2** 二本目を片方の手に持ち替えて、父方・母方を含めた女性の先祖霊全体を意識して「ご先祖のみなみな様方、どうぞお召し上がりください」と声に出してから線香器の右奥に立て「生かして頂いて　ありがとう御座位ます」と繰り返します。

**3** 三本目の線香を片方の手に持ち替えて「その他もろもろの縁ある霊の方々、どうぞお召し上がりください」と声に出し「自分に縁あるすべての霊的存在」（家系の水子、実家や親類の霊、知人の霊、生霊、動物の霊、土地の霊、その他の自分で認識していない霊的存在など）へ届くように思いながら、手前中央に立てます。

※一、二本目は先祖全体に、個別に特定の故人に向ける時は三本目で。

**4** 手を合わせて「生かして頂いて　ありがとう御座位ます」と繰り返します。

**5** 続けて、すべての霊が根源なる母性に還るイメージで「アマテラスオホミカミ」を二回ずつ、自分が安心するまで繰り返します。これに違和感のある方は唱えなくてもよいです。大事なのは「生かして頂いて　ありがとう御座位ます」の言霊です。

※火の点け方は最初に２本、あとから１本でもよいです。
※煙が自分のほうに流れてきても問題はありませんが、気になる場合は、供養を始める時に１度だけ「寄り代にお寄りください」と念じてください。

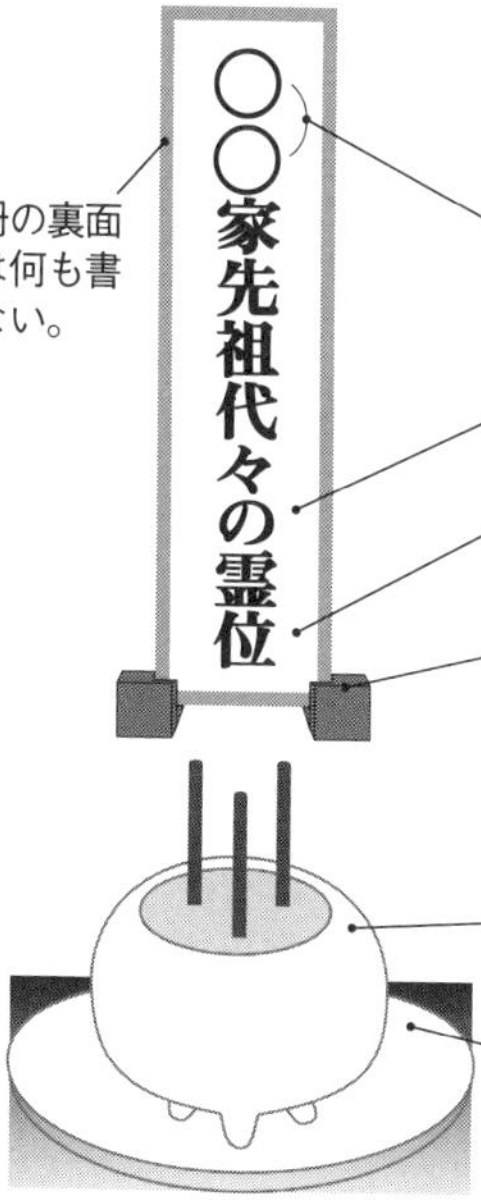


短冊の裏面には何も書かない。

字は自分で書きましょう。
黒マジック・筆ペンでも可。
金色のマジックも可。

○○は現在名乗っている姓。
（P.357を参照）

「の、之、ノ、乃」など、どの文字でもよい。

「位」の字は大きく書く。
短冊立てで隠れないように注意。

短冊は必ず短冊立てにはさみ、直立するように固定してください。
安定して真っ直ぐに立つ姿が供養者に反映します。

線香立て（香炉）は、茶碗などで代用可。
無地で白っぽいほうがよいです。

安全のために、下にお皿をしいてください。
埋もれ残った線香はこまめに捨てましょう。

上から見た図

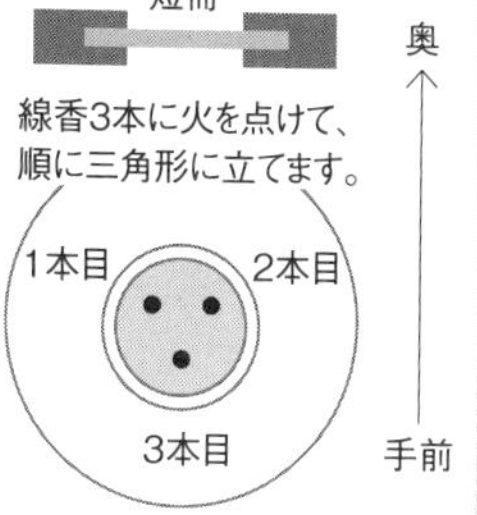


線香3本に火を点けて、
順に三角形に立てます。

- 先祖供養には、先祖霊が寄るための寄り代（位牌や短冊）が必要です。**寄り代なしの供養は厳禁です。**
- 自宅に「○○家（自分の現在の苗字）先祖代々の霊位」と記された位牌があれば、それを使用してください。
ない場合は、短冊を用意して図のように自作してください。
- 先祖供養は自己判断と自己責任でおこなうことです。

**◆火災に注意！供養のあとは線香の消火確認を忘れずに!!**

ブログ　伊勢－白山道　http://biog.goo.ne.jp/isehakusandou/より引用

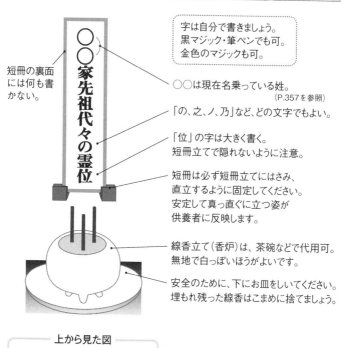

## 先祖供養を始める前に

❖家族の理解を得られない環境では無理に供養をしてはいけません。家族の反対があれば、感謝想起のみにしましょう。

❖日常で「生かして頂いて　ありがとう御座位ます」と先祖や家系の水子、内在神への感謝想起をすることもとても大切です。

❖先祖供養と自分や家族の健康や仕事・勉強・人間関係等の幸・不幸を結び付けて考えてはいけません。先祖供養は、迷い困っている霊を助けたいと思う慈悲の気持ちから「先祖のために」おこなうことです。自分のためではありません。

❖供養で大事なことは「継続」です。供養の継続は供養が届いていることの証明です。

❖先祖供養は先祖への感謝と思いやりから自発的におこなうことです。無理は不要です。先祖供養はご自分の判断と責任の上でおこないましょう。

## 供養の道具

❖短冊は、文房具店で販売されている長さ三十cm位で白色無地の厚手の物がよいです。金色の縁取りがあれば、なおよいです。短冊は短く切ったりしないでそのまま使用してください。

❖色紙《しきし》を短冊のように細長く切って代用するのは駄目です。

❖海外在住で短冊が手に入らない場合は、硬さのある厚紙を何重にもノリで貼り重ねて自作してもよいです。寄り代には厚みが大切です。中に空洞のある段ボール紙は、供養の短冊には適していません。

❖破損したり書き損じたりした短冊は、白い紙に包んでゴミとして捨てればよいです。短冊には、供養の際に霊が一時的に寄るに過ぎないからです。

❖短冊立ては必須です。短冊の両端をしっかりとはさんで真っ直ぐに立てられる、木製の物を使用してください。木片二つに切り込みを入れて自作してもよいです。壁に短冊を斜めに立てかけたり、貼り付けるのは厳禁です。

❖線香は、長さが十㎝以上あり、煙が多いものがよいです。香りが良いものも霊に喜ばれます。

❖線香を折ることは厳禁です。自然に折れて短くなった線香は、三本目に使用してもよいです。

❖線香器（香炉）はどんぶり・茶碗などで代用できます（無地で白い厚手のものが理想）。灰を受けるために、必ず下に大きめの皿をしいてください。

❖市販の線香灰の使用が理想ですが、入手できない場合は重曹など難燃性の物を使用してください。可燃性のコーヒーかすや穀類は危険です。また、砂や小石、金属・ガラス・塩は先祖供養には不向きです。

## 寄り代に記入する苗字

【基本】

❖戸籍に関係なく、現在名乗っている姓のみを使用（故人の個人名は寄り代には不要）。夫婦別姓の場合は、夫の姓での供養が好ましいです。

❖離婚した場合も、現在使用している姓が基本です。離婚後も元の夫姓を名乗っていても、実家からの援助が多い場合は、供養のみ実家の姓で。子どもがいる場合は子どもの名乗る姓でもよいです。

❖漢字を旧字・新字の両方使用している場合は、好きなほうでよい。
❖外国名の場合、主たる供養者が得意な言語で記入してください。日本語使用なら外国名をカタカナで記載してもよいです。記載言語や寄り代の形、「霊位」の表現は、供養者が馴染みやすいスタイルで。例えば、「Smith 家先祖代々の霊位」のように日本語と外国語が混ざるのも可。

**【帰化による創姓や通名】**

❖外国籍から日本への帰化により「新たな日本姓」を作ったり通名使用で、外国姓と日本姓がある場合、
A：創姓した日本姓や通名にまだ故人がいないうちは、供養は旧外国姓でおこない、創姓の日本姓や通名に死者が出たら、供養も日本姓に切り替える。
B：または、創姓や通名の日本姓にすでに故人がいても、旧外国姓の寄り代と日本姓の寄り代を、二つ並べて供養するのも可。その場合、旧外国姓の霊位を左側、創姓日本姓の霊位を右側に並べる。
※AかBかは、供養者がしっくり感じるほうを選べばよいですし、途中で変更してもよいです。
❖創姓日本姓と旧外国姓の二つの寄り代を並列する供養は、外国籍から日本への帰化で「創姓」した人や、通名使用者のみ可。
❖帰化でも、婚姻や養子縁組で日本人の籍に入って改姓した人が、旧外国姓と現在の姓の両方を並べて供養するのは厳禁。この場合は、入籍した姓一つで、基本の供養をすること。

## 供養の場所

❖伝統仏教の仏壇がある場合は「○○家先祖代々の霊位」の寄り代（位牌や短冊）を仏壇の中（一番手前の置ける最下方）か、前に台を置いてその上で供養します。仏壇以外の所に台を置いて供養してもよいです。

❖仏壇や位牌が新興宗教仕様の場合は、必ずその仏壇から離れた場所で、別に短冊を用意して供養します。

❖神棚がある場所で供養をおこなう場合は、神棚よりも低い場所に置いてください。神棚の下方に寄り代を置いて供養するのが理想です。

❖供養は高さ三十〜五十㎝のぐらつきの無い木製の安定した台でおこなうことが理想です。仏壇内に寄り代を置く場合は、高さを気にしなくてよいです。

❖脚が折れる台やキャスター付きの台は不安定感があり、供養には向きません。

❖窓際（窓を背に寄り代を置く）や鏡に寄り代が映り込む場所は避けたほうがよいです。

❖方角は気にしなくてよいですが、理想は寄り代を北〜東方向を背に置いて、人が北〜東に向かい拝みます。

❖供養をおこなう場所は綺麗に片づけ、掃除をしましょう。

❖他に場所がない場合には台所で供養してもよいですが、事前の清掃が大事です。できれば供養中に換気扇はまわさないほうがよいです。線香が消えてから換気をしましょう。

❖ベランダや屋外での供養は、無縁霊が寄るので厳禁です。

❖一つの家の中で、家族が複数の場所で同時に供養をしてもよいです。

❖短期間の出張や旅行時にまで、道具を持参して供養をする必要はありません。

## 火災予防

❖ロウソクの使用は厳禁です。線香にはライターで火を点けます。

❖線香を捧げたらその場を離れてかまいませんが、線香が消えるまでは外出はしないで、必ず消火の確認をしましょう。

## 供養の時間

❖午前中に供養するのが理想ですが、他の時間帯でも（夜でも可）よいです。ただし、霊的に不安定な時間帯である、日没の前後一時間と深夜〇時から午前四時の間は避けてください。

## お供え

❖線香の煙は、霊の欲しい物に変化して届きますので、法要や命日・お盆・お彼岸などを除き、食べ物のお供えはしなくてもよいです。

❖食べ物は長く置くと無縁霊が寄りやすくなります。後で食べる場合は、供えて直ぐか十五分位で下げて早めに食べましょう。

❖お茶やお水などの液体類をお供えした場合は、飲まずに捨てましょう。

## 湯気供養（線香を使用できない場合）

❖霊的な効力は線香の三割ほどですが、湯気の出る熱いお茶を入れた茶碗を三つ用意して、三角形に置いて供養します。湯気供養にも寄り代（短冊や位牌）は必須です。捧げたお茶は捨てます。

## 供養時の注意

❖神棚がある場合は、先に神棚の水交換と参拝をしてから、先祖供養をしましょう。

❖供養の際には、感謝の気持ちだけを捧げましょう。願い事をしたり、悩みを訴えたりしますと、先祖霊は不安になり、供養にならなくなります。

❖怒ったりイライラした状態の時は、供養をやめましょう。

❖供養を受けている霊を邪魔することになるので、供養中は短冊や位牌・線香・煙に触れないほうがよいです。線香を途中で消すことは厳禁です。

❖故人が現世への執着を持たないようにするために、写真は置かないほうがよいです。亡くなってすぐはよいですが、一年経てばしまって、命日などにだけ出しましょう。

❖大切なのは供養を先祖・縁ある霊的存在「全体」に捧げることです。供養が必要な他の方に届きにくくなってしまいますので、供養中に特定の故人の名前は呼びかけないほうがよいです。どうしても気になる故人がいる場合は、三本目の線香を捧げる時に心の中で故人の名前を思い、感謝をすればよいです。

❖供養に使用する短冊や位牌は常設が理想です。しまう場合は線香が燃え尽きてから一時間はそのままにしてください。火災予防の観点からは、線香器はしまわないほうがよいです。

❖供養は一日に一回、多くても二回までです。過剰な供養は不要です。

# あとがき

新型コロナウイルスから始まった二〇二〇年は、世界が一変する大変な混乱の年でありました。かつてないことばかりが起こっている年に、約十年前のブログの記事の内容を検証する意味でもそのままにして残し、言《こと》の葉《は》の語調だけを統一して構成された本が、この『宇宙万象　第5巻』です。

ブログでは昔の記事が読めますので、今の世界に合わせた内容に変更していないことをわかって頂けると思います。我ながら非常に意味深な示唆《しさ》と指摘を十年前にもしていたことを、書籍化にあたり再読して改めて確認しました。

これは、未来は白紙ですが、大きな方向性だけは常にサインが出ているということです。

二〇二一年は、何年も前から何度も注意してきた、試練の十年間の最初の年です。この十年間を生きるためのヒントと心持ちを提示するために、伊勢白山道ブログの啓示が始まったと言っても過言ではありません。

二〇二一年は、今の日本人が初めて体験するような大きな事案が三つは発生すると感じています。国際問題と、大きな自然災害です。

もし、体験した時に、自分の心に生きる指針が有る人と無い人では、絶望からの自殺も含めて人生の明暗が大きく分かれると感じます。

その時に、このような本を読んでいた場合は、魂の視点から大きく現実を見ることができて、その御方を生かすことに成ると私は信じています。また、これからも、そういう本を残していきたいと決意しています。

これからの大峠の時代を、皆様と一緒に心強く生きて行きたいと思います。

なお、この巻から『宇宙万象』シリーズは、新しい出版社から出版することになりました。引き続きよろしくお願いいたします。

令和二年　クリスマスを前にして

伊勢白山道

著者紹介……………………………………………………………………………

## 伊勢白山道（いせ　はくさんどう）

2007年５月「伊勢白山道」ブログを開設、2008年３月から本の出版を始め、その斬新な内容と霊的知識、実践性において日本だけでなく世界に衝撃を与え続けている。多忙な仕事のかたわら、毎日かかさず悩める人々にインターネットを介して無償で対応している。自分が生かされていることへの感謝を始めた読者の人生に起きる良い変化が、強い支持につながっている。数多くある精神世界サイトの中で、ブログランキング圧倒的第１位を長年にわたり継続中である。

著書に、伊勢白山道名義で『内在神への道』（ナチュラルスピリット刊）、『あなたにも「幸せの神様」がついている』『生かしていただいて　ありがとうございます』（主婦と生活社刊）、『内在神と共に』『森羅万象　第１巻〜第10巻』（経済界刊）、『伊勢白山道問答集　第１巻〜第３巻』（全３巻）『宇宙万象　第１巻〜第４巻』『自分を大切に育てましょう』『今、仕事で苦しい人へ　仕事の絶望感から、立ち直る方法』『柔訳　釈尊の教え　原始仏典「スッタニパータ　第１巻・第２巻」』『伊勢白山道写真集　神々の聖地　白山篇』『伊勢白山道写真集　太陽と神々の聖域　伊勢篇』『与えれば、与えられる』『自分の心を守りましょう』（電波社刊）。
谷川太一名義で『柔訳　老子の言葉』『柔訳　老子の言葉写真集　上下巻』（経済界刊）、『柔訳　釈尊の言葉　第１巻〜第３巻（原始仏典「ダンマパダ」全3巻）』（電波社刊）がある。

著者のブログ：http://blog.gon.ne.jp/isehakusandou